Reffken/Thiele

Standardfälle
Staatsrecht I
– Staatsorganisationsrecht –

10. Auflage 2016

ISBN 978-3-86724-060-4

10. Auflage 2016

© 2016 niederle media

Bezug möglich direkt vom Verlag
niederle media
48341 Altenberge
Fax (02505) 93 98 99
E-Mail: info@niederle-media.de
www.niederle-media.de

▶ Inhalt

▶ 1. Teil: Verfassungsprozessrecht   7

▶ Die abstrakte Normenkontrolle   8

▶ Das Organstreitverfahren   14

▶ Der Bund-Länder-Streit   21

▶ Die konkrete Normenkontrolle   26

▶ 2. Teil: Fälle und Lösungen   33

▶ **Fall 1:** *Länger an die Macht*   34
- Abstrakte Normenkontrolle
- Verhältnis Art. 93 I Nr. 2 und § 76 BVerfGG
- Verfassungswidriges Verfassungsrecht (Art. 79 III GG)
- **Vertiefung**: Das Demokratieprinzip

▶ **Fall 2:** *Probleme mit dem Volk*   50
- Volksbegriff des Art. 20 II GG
- Verfassungsauslegung
- Abstrakte Normenkontrolle

▶ **Fall 3:** *Englisch ab Klasse 1*   58
- Gesetzgebungskompetenzen des Bundes
- Problem der präventiven Normenkontrolle
- **Vertiefung**: Das Bundesstaatsprinzip

▶ **Fall 4:** *Völlig alleingelassen?*   76
- Organstreitverfahren
- Freies Mandat nach Art. 38 I 2 GG
- Fraktionsloser Abgeordneter
- **Vertiefung**: Rechtsstellung des Abgeordneten

▶ **Fall 5:** *Mürrischer Minister* 89
- Intra-Organstreitverfahren
- Kompetenzverteilung Bundesregierung
- Kernbereich der Ressortkompetenz

▶ **Fall 6:** *Der einsame Abgeordnete...* 97
- Abstrakte Normenkontrolle
- 5%-Hürde
- Gleichheit der Wahl
- Chancengleichheit der Parteien
- **Vertiefung**: Das Wahlrecht

▶ **Fall 7:** *Die Änderung des Parteiengesetzes* 108
- Organstreitverfahren
- Parteien
- Chancengleichheit der Parteien, Art. 21 I GG iVm Art. 3 I GG
- Parteienprivileg, Art. 21 II GG
- **Vertiefung**: Das Gesetzgebungsverfahren

▶ **Fall 8:** *Die Wende in der Energiepolitik* 121
- Bund-Länder-Streit
- Bundesauftragsverwaltung
- Weisungen nach Art. 85 III GG
- **Vertiefung**: Die Verwaltung

▶ **Fall 9:** *Prüfender Präsident* 138
- Organstreitverfahren
- Prüfungsrecht des Bundespräsidenten
- Art. 20 III GG
- **Vertiefung**: Das Rechtsstaatsprinzip

▶ **Fall 10:** *Der Untersuchungsausschuss* 163
- Organstreitverfahren
- Voraussetzung für die Einsetzung eines UA
- Zulässiger Untersuchungsgegenstand

▶ **3. Teil: Empfehlenswerte Literatur** 174

- Lehrbücher Staatsrecht/Prozessrecht
- Fallsammlungen/Fragenkataloge
- Aufsätze und Übungsfälle
- Kommentare

▶ Vorwort

Dieses Skript ist gedacht als Einführung in Fälle aus dem Staatsrecht I (Staatsorganisationsrecht), die typischerweise Gegenstand der ersten Staatsrechts-Klausuren sind.

Der Name **niederle media** steht für Skripten, die zu einem großen Teil von Autoren mit mehrjähriger Lehr-Erfahrung als Hochschullehrer oder AG-Leiter verfasst wurden und die

- klausurrelevante Themen *kompakt* darstellen,

- meist in 1-2 Tagen und demnach *zeitsparend* durchgearbeitet werden können,

- so *verständlich* sind, dass auch Anfänger damit regelmäßig auf Anhieb klarkommen,

- *Fallbeispiele, Übersichten* und *Schemata* enthalten,

- sehr *erschwinglich* sind (ab 7 €).

Aufgrund dieser Eigenschaften sind unsere Skripten hervorragend geeignet für den ersten, unkomplizierten Einstieg in die Materie oder für eine schnelle Wiederholung kurz vor der Prüfung. Dafür drücke ich schon jetzt ganz fest die Daumen,

Jan Niederle

▶ Unsere 📖 Skripten 🗂 Karteikarten 🎧 Hörbücher (CD & MP3)

Zivilrecht

- 📖 Standardfälle für Anfänger (7,90 €)
- 📖 🎧 Standardfälle BGB AT (7,90 €)
- 📖 🎧 Standardfälle Schuldrecht (7,90 €)
- 📖 🎧 Standardfälle Ges. Schuldverh., §§ 677, 812,823
- 📖 🎧 Standardfälle Sachenrecht (9,90 €)
- 📖 🎧 Standardfälle Familien- und Erbrecht (9,90 €)
- 📖 Klausuren Übung für Fortgeschrittene (7,90 €)
- 📖 🎧 Basiswissen BGB (AT) (Frage-Antwort)
- 📖 🎧 Basiswissen SchuldR (AT) 📖 🎧 SchuldR (BT) (7 €)
- 📖 🎧 Basiswissen Sachenrecht, 📖 🎧 FamR, 📖 🎧 ErbR
- 📖 Einführung in das Bürgerliche Recht (7,90 €)
- 📖 Studienbuch BGB (AT) (12 €)
- 📖 Studienbuch Schuldrecht (AT) (12 €)
- 📖 Schuldrecht (BT) 1 - §§ 437, 536, 634, 670 ff. (9,90 €)
- 📖 Schuldrecht (BT) 2 - §§ 812, 823, 765 ff. (9,90 €)
- 📖 SachenR 1 – Bewegl. S., 📖 SachenR 2 – Unb. S. (9,9 €)
- 📖 Familienrecht und 📖 Erbrecht (Einführungen) (9,90 €)
- 📖 Streitfragen Schuldrecht (7,90 €)
- 📖 🎧 Definitionen für die Zivilrechtsklausur (9,90 €)

Strafrecht

- 📖 🎧 Standardfälle für Anfänger Band 1 (9,90 €)
- 📖 Standardfälle für Anfänger Band 2 (7,90 €)
- 📖 Standardfälle für Fortgeschrittene (12 €)
- 📖 🎧 Basiswissen Strafrecht (AT) (Frage-Antwort)
- 📖 🎧 Basiswissen Strafrecht BT 1 und 📖 🎧 BT 2 (7 €)
- 📖 Strafrecht (AT) (7,90 €)
- 📖 Strafrecht (BT) 1 – Vermögensdelikte (9,90 €)
- 📖 Strafrecht (BT) 2 – Nichtvermögensdelikte (9,90 €)
- 📖 🎧 Definitionen für die Strafrechtsklausur (7,90 €)

Irrtümer und Änderungen vorbehalten!

Öffentliches Recht

- 📖 Standardfälle Staatsrecht I – StaatsorgaR (9,90 €)
- 📖 Standardfälle Staatsrecht II – Grundrechte (9,90 €)
- 📖 🎧 Standardfälle f. Anfänger (StaatsorgaR u. GRe) (7,9 €)
- 📖 Standardfälle Verwaltungsrecht (AT) (9,90 €)
- 📖 Standardfälle Polizei- und Ordnungsrecht (9,90 €)
- 📖 Standardfälle Baurecht (9,90 €)
- 📖 Standardfälle Europarecht (9,90 €)
- 📖 Standardfälle Kommunalrecht (9,90 €)
- 📖 🎧 Basiswissen StaatsR I –StaatsorgaR (Fr-Antw.) (7 €)
- 📖 🎧 Basiswissen StaatsR II –GrundR (Frage-Antw.) (7 €)
- 📖 Basiswissen VerwaltungsR AT–(Frage-Antwort) (7 €)
- 📖 Studienbuch Staatsorganisationsrecht (9,90 €)
- 📖 Studienbuch Grundrechte (9,90 €)
- 📖 Studienbuch Verwaltungsrecht AT (12 €)
- 📖 Studienbuch Europarecht (12,90 €)
- 🎧 Basiswissen Europarecht
- 📖 Staatshaftungsrecht (9,90 €)
- 📖 VerwaltungsR AT 1 – VwVfG u. 📖 AT 2–VwGO (7,90 €)
- 📖 VerwaltungsR BT 1 – POR (9,90 €)
- 📖 VerwaltungsR BT 2 – BauR u. 📖 BT 3 – UmweltR (9,90 €)
- 📖 🎧 Definitionen Öffentliches Recht (9,90 €)

Steuerrecht

- 📖 Abgabenordnung (AO) (9,90 €)
- 📖 Erbschaftsteuerrecht (9,90 €)
- 📖 Steuerstrafrecht/Verfahren/Steuerhaftung (7,90 €)

Sozialrecht

- 📖 Kinder- und Jugendhilferecht (7,90 €)
- 📖 Sozialrecht (9,90 €)

Nebengebiete

- 📖 🎧 Standardfälle Handels- & GesR (9,90 €)
- 📖 🎧 Standardfälle Arbeitsrecht (9,90 €)
- 📖 Standardfälle ZPO (9,90 €)
- 📖 🎧 Basiswissen HandelsR (Frage-Antwort) (7,9 €)
- 📖 🎧 Basiswissen Gesellschaftsrecht (7,90 €)
- 📖 🎧 Basiswissen ZPO (Frage-Antwort) (7,90 €)
- 📖 🎧 Basiswissen StPO (Frage-Antwort) (7,90 €)
- 📖 Handelsrecht (9,90 €)
- 📖 Gesellschaftsrecht (9,90 €)
- 📖 Arbeitsrecht (9,90 €)
- 📖 Kollektives Arbeitsrecht (9,90 €)
- 📖 ZPO I – Erkenntnisverfahren (9,90 €)
- 📖 ZPO II – Zwangsvollstreckung (9,90 €)
- 📖 Strafprozessordnung – StPO (9,90 €)
- 📖 Einf. Internationales Privatrecht - IPR (9,90 €)
- 📖 Standardfälle IPR (9,90 €)
- 📖 Insolvenzrecht (9,90 €)
- 📖 Gewerbl. Rechtsschutz/Urheberrecht (9,90 €)
- 📖 Wettbewerbsrecht (9,90 €)
- 📖 Ratgeber 500 Spezial-Tipps für Juristen (12 €)
- 📖 Mediation (7,90 €)
- 📖 Sportrecht (9,90 €)

Karteikarten (je 9,90 €)

- 🗂 Zivilrecht: BGB AT/SchuldR/Grundlagen/Schemata
- 🗂 Strafrecht: AT/BT-1/BT-2/Streitfragen
- 🗂 Öff. R.: StaatsorgaR/GrundR/VerwR/Schemata

Assessorexamen

- 📖 Der Aktenvortrag im Strafrecht (7,90 €)
- 📖 Der Aktenvortrag im Zivilrecht (7,90 €)
- 📖 Der Aktenvortrag im Öffentlichen Recht (7,90 €)
- 📖 Staatsanwaltl. Sitzungsdienst & Plädoyer (9,90 €)
- 📖 Die strafrechtliche Assessorklausur (7,90 €)
- 📖 Die Assessorklausur VerwR Bd. 1 (7,90 €)
- 📖 Die Assessorklausur VerwR Bd. 2 (7,90 €)
- 📖 Vertragsgestaltung in der Anwaltsstation (7 €)

Irrtümer und Änderungen vorbehalten!

BWL

- 📖 Einführung i. die Betriebswirtschaftslehre (7,90 €)
- 📖 Marketing (7 €)
- 📖 Organisationsgestaltung & -entwickl. (7,90 €)
- 📖 Fallstudien Organisationsgestaltung & -entwickl.
- 📖 Internationales Management (7 €)
- 📖 Wie gelingt meine wiss. Abschlussarbeit? (7 €)

Irrtümer und Änderungen vorbehalten!

Schemata

- 📖 Die wichtigsten Schemata-ZivR,StrafR,ÖR (14,90)
- 📖 Die wichtigsten Schemata–Nebengebiete (9,90 €)

🎧 bedeutet: auch als **Hörbuch** (CD oder MP3-Download) lieferbar!

Bei **niederle-media.de** bestellte Artikel treffen idR *nach 1-2 Werktagen* ein!

1. Teil: Übersichten zum Verfassungsprozessrecht

Anders als im Strafrecht und im Zivilrecht ist in den Anfängerklausuren zum Staatsrecht I häufig auch auf prozessuale Fragen einzugehen. Daher müssen bereits Studienanfänger zumindest über Grundkenntnisse im Verfassungsprozessrecht verfügen.

Mit einer fehlerfreien Zulässigkeitsprüfung können zwar nur wenige Punkte gewonnen werden, so dass die Zulässigkeitsprüfung in der Regel zügig abgehandelt werden sollte. Fehler in der Zulässigkeitsprüfung, insbesondere die Entscheidung für ein falsches Verfahren, wirken sich jedoch andererseits überaus negativ für das Gesamtergebnis aus. Daher sind die Zulässigkeitskriterien der wichtigsten Verfahren vor dem BVerfG sicher zu beherrschen. Bevor auf die Fälle und Lösungen eingegangen wird, werden deshalb bereits im ersten Teil dieses Skriptes die wichtigsten verfassungsprozessualen Verfahrensarten, die im Zusammenhang mit dem Staatsorganisationsrecht stehen, kurz dargestellt. Behandelt werden dabei die **abstrakte Normenkontrolle**, das **Organstreitverfahren**, der **Bund-Länder-Streit** sowie die **konkrete Normenkontrolle**.

In den Fußnoten finden sich zudem Literaturhinweise[1], die eine Vertiefung der angesprochenen Probleme ermöglichen. Besonders hervorzuheben sind die Lehrbücher zum Verfassungsprozessrecht von *Schlaich/Korioth*, *Sachs*, *Gersdorf* und *Hillgruber/Goos*. Ein allgemeiner Überblick zu den Entscheidungsmöglichkeiten des BVerfG findet sich bei *Aust/Meinel*, JuS 2014, 25 und 113.

---

[1] Siehe hierzu auch den dritten Teil des Skripts.

DIE ABSTRAKTE NORMENKONTROLLE, ART. 93 I NR. 2 GG, §§ 13 NR. 6, 76-79 BVERFGG[2]

Die abstrakte Normenkontrolle ist eine verfassungsrechtliche Klageart. Im Rahmen einer Klausurbearbeitung sind daher die Zulässigkeit und die Begründetheit der Klage streng voneinander zu trennen. Was im jeweiligen Fall zu prüfen ist, richtet sich nach der konkreten Fallfrage. **Sie ist daher genau zu lesen**.

Die abstrakte Normenkontrolle ist ein **objektives Beanstandungsverfahren**, bei dem die Vereinbarkeit eines materiellen Gesetzes mit dem Grundgesetz und sonstigem höherrangigen Recht überprüft werden kann.[3] Zwar wird das Verfahren erst durch den jeweiligen Antragssteller in Gang gebracht, auf ein irgendwie geartetes subjektives Interesse dieses Antragsstellers kommt es jedoch für die Begründetheit der Klage nicht an.[4] Klagegegenstand des Verfahrens ist allein die Frage der Verfassungsmäßigkeit der Norm.

Die abstrakte Normenkontrolle ist damit **kein kontradiktorisches Verfahren**, einen Antragsgegner gibt es nicht.[5] Verglichen mit anderen Verfahrensarten – insbesondere der Verfassungsbeschwerde oder der konkreten Normenkontrolle – werden in der Praxis nur relativ wenige abstrakte Normenkontrollverfahren durchgeführt. Die anhängigen Verfahren besitzen jedoch in der Regel eine besondere Bedeutung, da sie regelmäßig politisch besonders umstrittene Gesetze betreffen.[6] Hier stellt sich häufig das Problem, inwieweit das BVerfG die Entscheidungen des demokratisch legitimierten Parlaments überprüfen kann.

---

[2] Lesen Sie zu dieser auch *Mückl*, Jura 2005, 463.

[3] Auch auf europäischer Ebene existiert ein paralleles Verfahren: Die Nichtigkeitsklage gemäß Art. 263 AEU, siehe *Thiele*, Europäisches Prozessrecht, § 6.

[4] *Schlaich/Korioth*, Das Bundesverfassungsgericht Rn 123. Deshalb kann ein Bundesland auch Landesgesetze anderer Bundesländer überprüfen lassen.

[5] In der Praxis sind die Verfahren indes oftmals Ausdruck einer Streitigkeit zwischen Regierung und Opposition, so dass das Verfahren je nach Ausgang als politischer Sieg oder politische Niederlage der Regierung gewertet wird.

[6] So ist etwa das Zuwanderungsgesetz in diesem Verfahren vom BVerfG für nichtig erklärt worden. Andere Verfahren betrafen etwa die Regelungen zum Schwangerschaftsabbruch oder zur nichtehelichen Lebensgemeinschaft.

Diese Frage des Prüfungsumfangs des BVerfG ist ein immer wieder für Diskussionsstoff sorgendes Problem und bereitet auch im Rahmen einer Falllösung oftmals Schwierigkeiten.[7] Hier seien einige lesenwerte **Entscheidungen** genannt:

BVerfGE 39, 1:   Fristenlösung/Schwangerschaftsabbruch
BVerfGE 72, 330:   Länderfinanzausgleich
BVerfGE 105, 315:   Lebenspartnerschaftsgesetz
BVerfGE 115, 118   Luftsicherheitsgesetz
BVerfGE 136, 9   ZDF-Staatsvertrag

Klausurfälle

Kramer, Der Streit um die Wahlgesetze, JuS 2003, 966; *Römer*, Die Unfalldatenschreiber-Pflicht, JuS 2004, 44; *Maierhöfer*, Verwaltungskompetenzen im Bundesstaat und grundrechtliche Schutzpflichten, JuS 2004, 598; *Kube/Seiler*, Bildung im Vorschulalter, Jura 2005, 567: *Greinert*, Gloria und Hammelflucht, JuS 2014, 132; *Herzmann/Eßlinger*, Landeskleinkinder, Jura 2014, 842

A. Zulässigkeit der abstrakten Normenkontrolle

I. Antragsberechtigung

Antragsberechtigt sind im Verfahren der abstrakten Normenkontrolle gemäß Art. 93 I Nr. 2 GG, § 76 I BVerfGG allein die **Bundesregierung**,[8] die **Landesregierungen** oder ein **Viertel der Mitglieder des Bundestages**.[9] Weder der Bundesrat noch die Fraktionen im Bundestag können folglich eine abstrakte Normenkontrolle einleiten. Dies gilt auch für die Opposition im Bundestag, die jedoch regelmäßig mehr als ein Viertel der Mitglieder des Bundestages umfassen wird, also auf diesem Umweg ein Verfahren einleiten kann.

---

[7] Siehe nur *Wahl*, Der Vorrang der Verfassung, Der Staat 1981, 485 ff.; *ders.*, Der Vorrang der Verfassung und die Selbständigkeit des Gesetzgebers, NVwZ 1984, 401 ff.; *Heun*, Verfassungsrecht und einfaches Recht – Verfassungsgerichtsbarkeit und Fachgerichtsbarkeit, VVDStRL 61 (2002), 80 ff.

[8] Hiermit ist das gemäß Art. 62 GG bestehende Kollegialorgan gemeint.

[9] Damit die Opposition antragsfähig ist, muss sie also diese Zahl erreichen, was keineswegs immer der Fall sein muss. So kommen etwa die Grünen und die Linkspartei im aktuellen 18. Bundestag nicht auf diese Zahl.

Einen Antragsgegner gibt es wie bereits erwähnt nicht, da es sich nicht um ein kontradiktorisches Verfahren handelt.

II. Antragsgegenstand

Antragsgegenstand kann gemäß Art. 93 I Nr. 2 GG, § 76 I BVerfGG sowohl Bundes- als auch Landesrecht sein. Die Rangstufe der Norm spielt folglich keine Rolle, sämtliche **materiellen Gesetze** können vor das BVerfG gebracht werden. Dies gilt selbst für bestimmte Verfassungsnormen: verfassungsändernde Gesetze sind gemäß Art. 79 III GG am Maßstab der Art. 1 **und** 20 GG zu messen. Zulässige Antragsgegenstände sind damit:

- verfassungsändernde Gesetze (beachte in diesem Fall den eingeschränkten Prüfungsmaßstab);
- alle sonstigen (förmlichen) Gesetze (etwa Haushaltsgesetze, Zustimmungsgesetze nach Art. 59 II GG);
- Rechtsverordnungen, Satzungen;
- Gewohnheitsrecht.

Nicht entscheidend ist der Zeitpunkt des Inkrafttretens der Norm, solange diese bereits verkündet worden ist.[10] Auch vorkonstitutionelle Rechtsnormen können überprüft werden.

Problematisch ist, inwieweit auch sekundäres **europäisches Unionsrecht** tauglicher Prüfungsgegenstand ist. An sich handelt es sich hier um nicht-deutsches Recht, das insoweit der Jurisdiktion des BVerfG nicht unterliegt. Die Ausführungen des Gerichts im Maastricht- und zuletzt im Lissabon-Urteil sprechen jedoch dafür, die Einhaltung eines Mindestgrundrechtsschutzes, mögliche Kompetenzüberschreitungen der Union sowie eine mögliche Verletzung der Verfassungsidentität auch im Wege der abstrakten Normenkontrolle überprüfen lassen zu können.[11]

Ein Inkrafttreten der Norm ist nicht erforderlich; es genügt, dass sie verkündet ist. Vor der Verkündung ist eine abstrakte Normenkontrolle indes im Grundsatz ausgeschlossen. Es gibt insoweit zum Schutz des parlamentarischen Prozesses **keine präventive Normenkontrolle.**

---

[10] Anders ist dies bei der **konkreten Normenkontrolle,** s.u.
[11] So auch *Sachs*, Verfassungsprozessrecht Rn 130; *Thiele,* Europarecht, § 6; *Robbers*, Verfassungsprozessuale Probleme, S. 60.

Eine **Ausnahme** betrifft die Überprüfung von Zustimmungs-
gesetzen zu völkerrechtlichen Verträgen gemäß Art. 59 II
GG, da die völkerrechtliche Bindung selbst bei einer an-
schließenden Feststellung der Verfassungswidrigkeit nicht
ohne weiteres wieder aufzuheben wäre. Diese Ausnahme
sollte bekannt sein.

III. Antragsgrund

Art. 93 I Nr. 2 GG verlangt als Antragsgrund, dass bzgl. der
Vereinbarkeit der Norm mit höherrangigem Recht seitens
eines Antragsberechtigten **Zweifel oder Meinungsverschiedenheiten** bestehen. Demgegenüber verlangt § 76
BVerfGG, dass der konkrete Antragsteller die Norm für nichtig hält. Problematisch ist insoweit, dass die einfachgesetzliche Norm damit „doppelt enger"[12] ausgestaltet ist, als die
verfassungsrechtliche. Zweifel können ja auch dann bestehen, wenn der Antragsteller (oder ein anderer Antragsberechtigter)[13] bei der Beurteilung der Vereinbarkeit schlicht
unsicher ist. In diesen Fällen muss sich aufgrund der **Normenhierarchie** die grundgesetzliche Regelung durchsetzen,[14] die abstrakte Normenkontrolle ist in diesen Fällen
direkt auf der Grundlage des Art. 93 I Nr. 2 GG als zulässig
anzusehen.

IV. Form/Frist

Für die Form gilt als allgemeine Regelung der § 23 I
BVerfGG. Als verfahrenseinleitender Schriftsatz muss der
Antrag damit **schriftlich** ergehen und auch begründet wer-
den. Eine Frist besteht nicht. Dies unterstreicht die Be-

---

[12] Zum ersten muss es sich hier um den konkreten Antragsteller handeln, der
zum anderen die Norm für nichtig halten muss. Siehe auch *Schlaich/Korioth*,
Das Bundesverfassungsgericht Rn 130.

[13] Es ist also nicht zwingend, dass der Antragsteller selbst Zweifel hat. Es genügt,
wenn der Antragsteller eine Klärung herbeiführen will, weil ein anderer
Antragsberechtigter Zweifel geäußert hat. Hier zeigt sich erneut der Charakter
eines objektiven Beanstandungsverfahrens.

[14] So auch *Schlaich/Korioth*, Das Bundesverfassungsgericht Rn 130; *Sachs*,
Verfassungsprozessrecht Rn 125; *Robbers*, Verfassungsprozessuale Probleme, S. 61.

deutung der abstrakten Normenkontrolle als objektives Beanstandungsverfahren.

B. Begründetheit

Die abstrakte Normenkontrolle ist begründet, soweit der Antragsgegenstand tatsächlich gegen höherrangiges Recht verstößt. Wichtig ist, insoweit jeweils den konkreten Prüfungsmaßstab herauszuarbeiten. Geht es um Bundesrecht, so ist dieses allein am Grundgesetz zu messen. Das Landesrecht ist am gesamten Bundesrecht zu messen (vgl. Art. 31 GG). Verfassungsändernde Gesetze sind, wie bereits mehrfach betont, allein an den Grundsätzen der Art. 1 **und** 20 GG zu messen (Art. 79 III GG).

C. Entscheidung des BVerfG

Grds. erklärt das BVerfG eine Norm für nichtig, wenn es zu der Überzeugung gelangt, dass die Norm gegen höherrangiges Recht verstößt. Dies folgt insbesondere aus § 78 BVerfGG. Nach der überwiegenden Ansicht hat diese Erklärung allein **deklaratorischen Charakter**. Verfassungswidrige Gesetze sind *ipso iure und ex tunc* nichtig, das BVerfG stellt dies allein fest. Ist nur ein Teil der Norm verfassungswidrig, so wird auch nur dieser Teil für nichtig erklärt (sog. **Teilnichtigkeitserklärung**).[15]

Die Rechtsfolgen der Nichtigerklärung bestimmt § 79 BVerfGG. Daneben hat das BVerfG noch die sogenannte **Unvereinbarkeitserklärung** entwickelt, die insbesondere bei gleichheitswidrigen Begünstigungsausschlüssen Anwendung findet und mittlerweile in §§ 31 II, 79 I BVerfGG vom Gesetzgeber „zur Kenntnis genommen" worden ist.[16] Ist das Gesetz „noch" verfassungsgemäß, ergeht oftmals eine „**Appellentscheidung**", in der das Gericht an den Gesetzgeber appelliert, tätig zu werden, um eine möglicherweise zukünftig eintretende Verfassungswidrigkeit zu vermeiden.[17]

---

[15] Zu dem Sonderfall der Teilnichtigkeitserklärung ohne Normtextreduzierung siehe *Schlaich/Korioth*, Das Bundesverfassungsgericht Rn 386 ff.

[16] *Schlaich/Koritoth*, Das Bundesverfassungsgericht Rn 397.

[17] Ausführlich zu diesen Formen der Entscheidung *Schlaich/Korioth*, Das Bundesverfassungsgericht Rn 394 ff.; *Yang*, Die Appellentscheidungen des Bundesverfassungsgerichts, 2002.

A.   Zulässigkeit

    I.   Antragsteller

        Nur Bundesregierung, Landesregierung oder ein Viertel der Mitglieder des Bundestages.

    II.   Antragsgegenstand

        Sämtliches Bundes- oder Landesrecht. Das Recht muss grds. bereits verkündet sein. **Ausnahme**: Zustimmungsgesetze zu völkerrechtlichen Verträgen. Auch verfassungsändernde Gesetze können Antragsgegenstand sein, dann ist jedoch der besondere Prüfungsmaßstab zu beachten.

    III.   Antragsgrund

        Zweifel oder Meinungsverschiedenheiten bzgl. der Vereinbarkeit der Norm mit höherrangigem Recht. Die Regelung des § 76 BVerfGG tritt im Konfliktfall hinter die verfassungsrechtliche Regelung zurück.

    IV.   Form/Frist

        Die Form richtet sich nach § 23 I BVerfGG: schriftlich und mit Begründung. Eine Frist besteht nicht.

B.   Begründetheit

Die abstrakte Normenkontrolle ist begründet, soweit die Norm tatsächlich gegen höherrangiges Recht verstößt. Prüfungsmaßstab sind bei verfassungsändernden Gesetzen allein die Grundsätze der Art. 1 **und** 20 GG, bei Bundesgesetzen das gesamte Grundgesetz. Für Landesrecht ist neben dem GG auch das sonstige Bundesrecht jeden Ranges Prüfungsmaßstab (vgl. Art. 31 GG).

DAS ORGANSTREITVERFAHREN, ART. 93 I NR. 1 GG, §§ 13 NR. 5, 63-67 BVERFGG[18]

Beim Organstreitverfahren handelt es sich im Gegensatz zur abstrakten Normenkontrolle um ein **kontradiktorisches Verfahren**. In diesem Verfahren stehen sich damit ein Antragsteller und ein Antragsgegner gegenüber. Das Organstreitverfahren dient der Beilegung von Konflikten zwischen Bundesorganen und bestimmter anderer Beteiligter über den Umfang der verfassungsrechtlichen Rechte und Pflichten. Im Kern geht es also um die **Wahrung der Kompetenzen**, die diesen Beteiligten von der Verfassung zugeordnet werden. Im Ergebnis verfolgt dieses Verfahren damit **zwei Zwecke**: Zum einen dient es dem Schutze der oppositionellen Minderheit ("Schutz des Schwächeren"), die sich zum Schutz ihrer Rechte an das BVerfG wenden kann. Zum anderen wird dadurch aber auch die durch die Verfassung vorgesehene Funktionenzuordnung geschützt, wodurch das Organstreitverfahren einen objektiven Charakter erhält.[19]

In der Praxis spielt das Organstreitverfahren im Zusammenhang mit dem Gesetzgebungsverfahren nur eine untergeordnete Rolle, da hier in der Regel auf die abstrakte Normenkontrolle zurückgegriffen wird. Diese ist fristungebunden möglich und erlaubt aufgrund des allein objektiven Charakters dieses Verfahrens eine umfassendere Kontrolle des jeweiligen Gesetzes. Zudem kann im Rahmen des Organstreits allein die Feststellung ergehen, dass der Gesetzgeber durch den Erlass eines Gesetzes gegen die Verfassung verstoßen hat (es bleibt also diesem überlassen, den verfassungswidrigen Zustand zu beseitigen), während die abstrakte Normenkontrolle zu einer Nichtigerklärung eines solchen Gesetzes führen kann.[20] Häufiger kommen demnach Verfahren vor, in denen **die Opposition** oder sonstige Minderheiten ihre Position verteidigen wollen.

---

[18] Lesen Sie zu diesem Verfahren bitte auch *Robbers*, JuS 1994, 129; *Ehlers*, Jura 2003, 315.

[19] *Sachs*, Verfassungsprozessrecht Rn 252.

[20] *Schlaich/Korioth*, Das Bundesverfassungsgericht Rn 97.

Bekannte Beispiele sind etwa Abgeordnete oder Fraktionen, die sich gegen Handlungen der Bundestagsmehrheit wenden.[21] Hinzu kommen Verfahren von Parteien, die nach der Rechtsprechung des BVerfG im Organstreitverfahren parteifähig sind, sofern sie sich auf ihre Rechte aus Art. 21 GG berufen. Hier wieder einige lesenswerte **Entscheidungen**:

BVerfGE 62, 1:	Auflösung des Bundestages
BVerfGE 67, 100:	Flick-Untersuchungsausschuss
BVerfGE 74, 44:	Parteifähigkeit von Parteien
BVerfGE 80, 188:	Stellung des fraktionslosen Abgeordneten
BVerfGE 82, 322:	Sperrklausel des BWahlG

Klausurfälle

Butzer, Wrapped Bundestag, JuS 1997, 1014; *Naumann*, Streit um die Nationalhymne, JuS 2000, 786; *Schmidt-Radefeldt*, Einsatz und Rückruf von Streitkräften aus dem Ausland, Jura 2003, 201; *Mager/Siebert*, Streit um den Untersuchungsausschuss, Jura 2003, 490; *Nettesheim/Vetter*, Aktenherausgabe an einen Untersuchungsausschuss, JuS 2004, 219; *Lange/Thiele*, Der „gläserne Abgeordnete", JuS 2008, 518

A. Zulässigkeit des Organstreitverfahrens

I. Parteifähigkeit

Beim Organstreitverfahren handelt es sich, wie oben bereits erwähnt, um ein kontradiktorisches Verfahren. Sowohl der Antragsteller als auch der Antragsgegner müssen daher parteifähig sein. Parteifähig sind nach der Regelung des Art. 93 I Nr. 1 **„oberste Bundesorgane"** sowie **„andere Beteiligte"**, die durch das GG oder in der Geschäftsordnung eines obersten Bundesorgans mit eigenen Rechten ausgestattet sind.

---

[21] Etwa Kürzungen der Redezeit, Verwährung von Stimmrechten in Ausschüssen etc. Auch bei der Klage einiger Abgeordneter gegen die Bundestagsauflösungsverfügung des Bundespräsidenten vom Juli 2005 handelte es sich um ein Organstreitverfahren.

§ 63 BVerfGG nennt neben den obersten Bundesorganen noch die „Organteile", während der Begriff „andere Beteiligte" hier nicht auftaucht.[22] Aufgrund der Normenhierarchie folgt deren Parteifähigkeit daher direkt aus Art. 93 I Nr. 1 GG, ohne dass es eines Rückgriffs auf § 63 BVerfGG bedürfte.[23]

1. Oberste Bundesorgane

Als oberste Bundesorgane parteifähig sind der Bundestag, Bundesrat, der Bundespräsident sowie die Bundesregierung. Hinzu kommen die Bundesversammlung und der Gemeinsame Ausschuss gemäß Art. 53a GG. Nicht parteifähig sind hingegen die Bundesbank, der Bundesrechnungshof sowie die obersten Bundesgerichte. Auch das Staatsvolk (Art. 20 II GG) ist aufgrund der fehlenden organisatorischen Einheit **nicht** parteifähig.[24]

2. Andere Beteiligte sowie Organteile

Ebenfalls parteifähig sind Teile eines obersten Bundesorgans. Zu nennen sind etwa **Ausschüsse** und **Fraktionen** im Bundestag, Mitglieder der Bundesregierung oder bestimmte **antragsberechtigte Minderheiten** im Bundestag (etwa Art. 44 I 1 GG).[25] Das Besondere ist, dass diese Organteile im Wege der **gesetzlichen Prozessstandschaft** auch die Rechte des Gesamtorgans geltend machen können, vgl. § 64 I BVerfGG. So könnte also eine Fraktion im Wege des Organstreits gegen einen Beschluss der Bundesregierung vorgehen und eine Verletzung der Rechte des Bundestages rügen, selbst wenn die Mehrheit der Abgeordneten sich gegen ein solches Verfahren ausspricht.[26]

---

[22] Damit ist § 63 BVerfGG teils enger und teils weiter als Art. 93 I Nr. 1 GG.
[23] *Schlaich/Korioth*, Das Bundesverfassungsgericht Rn 86; *Sachs*, Verfassungsprozessrecht Rn 259.
[24] *Sachs*, Verfassungsprozessrecht Rn 262.
[25] Damit ist im Ergebnis auch die Fraktion und die antragsberechtigte Minderheit im (Untersuchungs-) Ausschuss selbst parteifähig.
[26] In dieser Möglichkeit wird deutlich, dass das Organstreitverfahren vor allem ein Instrument zum Schutz der Rechte der Opposition darstellt.

Auch ein einzelner Abgeordneter kann zur Wahrung seiner Rechte aus Art. 38 I GG das BVerfG anrufen. Nach der Rechtsprechung des BVerfG ist ihm jedoch als „anderer Beteiligter" eine Prozessstandschaft für Rechtspositionen des Bundestags versagt.[27] Anerkannt hat das BVerfG zudem die Parteifähigkeit **politischer Parteien**, sofern diese ihre Rechte aus Art. 21 GG geltend machen. Begründet wird dies mit der besonderen Stellung der Parteien, die sie mit den sonstigen Verfassungsorganen vergleichbar macht.[28]

II. Antragsgegenstand

Zulässiger Antragsgegenstand des Organstreitverfahrens sind gemäß § 64 I BVerfGG alle **Maßnahmen** oder **Unterlassungen** des Antragsgegners, die möglicherweise gegen das GG verstoßen.[29] Die jeweilige Maßnahme oder Unterlassung muss **rechtserheblich** sein.[30] Gegenstand des Organstreits kann damit auch eine Bestimmung der Geschäftsordnung sein.[31] Unterlassungen sind dann rechtserheblich, wenn eine Verpflichtung zur Vornahme der entsprechenden Handlung bestand. In einer Klausur ist es wichtig, den konkreten Antragsgegenstand genau herauszuarbeiten. **Beispiel**: Geht es um ein Gesetz, ist der Antragsgegenstand der **Erlass des Gesetzes**, nicht jedoch das Gesetz selbst. Antragsgegner wäre in einem solchen Fall der Bundestag.

---

[27] BVerfGE 90, 286 (342 f.). Danach lassen sich die Kompetenzen des Bundestags nicht als ein Bündel inhaltsgleicher Kompetenzen des Abgeordneten verstehen.

[28] Siehe etwa BVerfGE 82, 322. Kritisch zu dieser Rechtsprechung *Sachs*, Verfassungsprozessrecht Rn 268 ff.

[29] Der Prüfungsmaßstab ist allein das GG, siehe *Schlaich/Korioth*, Das Bundesverfassungsgericht Rn 93.

[30] *Schlaich/Korioth*, Das Bundesverfassungsgericht Rn 92; *Robbers*, Verfassungsprozessuale Probleme, S. 53.

[31] Siehe *Robbers*, Verfassungsprozessuale Probleme in der öffentlich-rechtlichen Arbeit, S. 45.

18

III. Antragsbefugnis

Gemäß § 64 I BVerfGG muss der Antragsteller geltend machen, dass er oder das Organ, dem er angehört,[32] durch die Maßnahme oder Unterlassung in seinen ihm von dem GG übertragenen Rechten und Pflichten (= **Kompetenzen**) verletzt oder unmittelbar gefährdet ist. Es muss damit nach dem Vortrag des Antragstellers als möglich (also nicht als von vornherein ausgeschlossen) erscheinen, dass eine solche Verletzung oder Gefährdung tatsächlich vorliegt (**Möglichkeitstheorie**).[33] Zu beachten ist, dass es sich um Rechte des Antragstellers handeln muss, die diesem vom GG zugesprochen werden.

Hinweis: Organteile können an dieser Stelle auch die verfassungsrechtlichen Rechte des Gesamtorgans in eigenem Namen geltend machen (**gesetzliche Prozessstandschaft**). So könnte etwa eine Fraktion eine Verletzung der Rechte des gesamten Bundestages vorbringen. Zu beachten ist, dass der einzelne Abgeordnete nach der Rechtsprechung des BVerfG kein Organteil, sondern ein „anderer Beteiligter" ist. Damit hat der einzelne Abgeordnete diese Möglichkeit der Prozessstandschaft nicht.

IV. Form und Frist

Für die **Form** gilt erneut § 23 I BVerfGG; der Antrag ist demnach schriftlich einzureichen und zu begründen. Darüber hinaus bestimmt § 64 II BVerfGG, dass in der Begründung die Bestimmung des GG genannt werden muss, gegen die der Antragsgegner verstoßen haben soll. Der Antrag muss innerhalb von **sechs Monaten,** nachdem dem Antragsteller das jeweilige Verhalten bekannt geworden ist, beim BVerfG eingereicht werden, § 64 III BVerfGG.[34] Im Falle einer **Unterlassung** beginnt die Frist dann, wenn sich der Antragsgegner eindeutig und erkennbar weigert, in der geforderten Weise tätig zu werden.[35]

---

[32] Dies ist die Regelung der angesprochenen Prozessstandschaft.
[33] Dies entspricht im Wesentlichen der Regelung im Rahmen der Verfassungsbeschwerde.
[34] In dieser Fristgebundenheit liegt ein Nachteil zur abstrakten Normenkontrolle.
[35] BVerfGE 92, 80 (89).

B. Begründetheit

Das Organstreitverfahren ist begründet, soweit die bean-standete Maßnahme **tatsächlich gegen das GG verstößt und dadurch Rechte des Antragstellers verletzt** (§ 64 BVerfGG). Prüfungsmaßstab ist allein das GG.[36] Es wird vom BVerfG zudem allein die vom Antragsteller behauptete Verletzung in eigenen Rechten überprüft; eine allgemeine verfassungsrechtliche Überprüfung findet dagegen nicht statt.[37]

Klausurtipp: Im Rahmen einer Klausurbearbeitung bereitet immer wieder der Aufbau der Begründetheit erhebliche Probleme. Ein einheitliches Schema gibt es insoweit nicht. Grds. sollten Sie jedoch zunächst ver-suchen, herauszuarbeiten, um welches Recht des Antragstellers es geht, was dieses umfasst und inwieweit durch die beanstandete Maßnahme des Antragsgegners in dieses Recht eingegriffen wird. Anschließend ist zu untersuchen, ob dieser Eingriff durch andere Rechtsgüter von Ver-fassungsrang gerechtfertigt werden kann. Im Rahmen einer Klausur wird es auf dieser Rechtfertigungsebene regelmäßig darum gehen, zwei ver-fassungsrechtliche Rechtspositionen im Wege der praktischen Konkor-danz in einen schonenden Ausgleich zu bringen.

C. Entscheidung des BVerfG

Bei dem Urteil des BVerfG handelt es sich um ein **Fest-stellungsurteil**, vgl. § 67 BVerfGG. Der Tenor eines sol-chen Urteils lautet demnach etwa folgendermaßen: Es wird festgestellt, dass das Organ X durch die Handlung Y die Rechte des Organs Z verletzt hat. Nicht möglich ist es folg-lich, dass das BVerfG eine Norm in diesem Verfahren für nichtig erklärt.[38] **Der Antragsgegner ist** aufgrund seiner Verfassungsbindung **verpflichtet, die Konsequenzen aus dem Feststellungsurteil zu ziehen** und die erforderlichen Maßnahmen zur Beseitigung des verfassungswidrigen Zu-stands zu ergreifen.[39]

---

[36] *Schlaich/Korioth*, Das Bundesverfassungsgericht Rn 96.
[37] Hier liegt ein Nachteil im Vergleich zur abstrakten Normenkontrolle.
[38] Hierin liegt ein weiterer Nachteil zur abstrakten Normenkontrolle.
[39] *Maurer*, Staatsrecht I, § 20 Rn 51.

A. **Zulässigkeit**

I. **Parteifähigkeit**

Sowohl Antragsteller als auch Antragsgegner müssen parteifähig sein. Dies sind die obersten Bundesorgane (Bundestag, Bundespräsident, Bundesregierung), deren Organteile (Fraktionen und Ausschüsse) sowie andere Beteiligte (Abgeordnete, Parteien).

II. **Antragsgegenstand**

Jede rechtserhebliche Maßnahme oder Unterlassung des Antragsgegners, § 64 I BVerfGG.

III. **Antragsbefugnis**

Antragsteller muss geltend machen können, durch den Antragsgegenstand in seinen grundgesetzlichen Rechten und Pflichten verletzt oder unmittelbar gefährdet worden zu sein. In Betracht kommt bei Organteilen (etwa Fraktionen, nicht jedoch der einzelne Abgeordnete) auch die Geltendmachung der Rechte des gesamten Organs (Prozessstandschaft).

IV. **Form/Frist**

Die Form richtet sich nach § 23 und § 64 II BVerfGG. Die Frist beträgt sechs Monate nach Bekanntwerden der Maßnahme oder Unterlassung, § 64 III BVerfGG

B. **Begründetheit**

Das Organstreitverfahren ist begründet, soweit die Maßnahme oder Unterlassung gegen das GG verstößt und den Antragsteller daher in seinen grundgesetzlichen Rechten und Pflichten verletzt. Es ergeht ein Feststellungsurteil.

BUND-LÄNDER-STREIT, ART. 93 I NR. 3 GG, §§ 13 NR. 7, 68 – 70 BVERFGG

Beim Bund-Länder-Streit handelt es sich wie beim Organstreitverfahren um ein **kontradiktorisches Verfahren**.[40] Es stehen sich der Bund und ein Land (oder mehrere Länder) vertreten durch die jeweiligen Regierungen gegenüber. Das Bund-Länder-Streitverfahren dient der Beilegung **föderaler Verfassungsstreitigkeiten**.

Im Kern geht es um die Wahrung von Kompetenzen, die dem Bund bzw. den Ländern von der Verfassung zugeordnet sind. In der Praxis ist der Bund-Länder-Streit insbesondere bei Maßnahmen der Bundesaufsicht über die Ausführung der Bundesgesetze durch die Länder von größerer Bedeutung.

Bei Meinungsverschiedenheiten über die Reichweite von Gesetzgebungskompetenzen spielt der Bund-Länder-Streit hingegen nur eine untergeordnete Rolle, da hier in der Regel auf die abstrakte Normenkontrolle zurückgegriffen wird.[41] Diese ist fristungebunden möglich und ermöglicht eine umfassende verfassungsrechtliche Prüfung des Gesetzes. Zudem kann im Rahmen des Bund-Länder-Streits allein die Feststellung ergehen, dass der Gesetzgeber durch den Erlass eines Gesetzes gegen die Verfassung verstoßen hat, die abstrakte Normenkontrolle als Gestaltungsklage führt hingegen zur Nichtigerklärung des Gesetzes.[42]

Wichtige Entscheidungen

BVerfGE 8, 122:	Volksbefragung
BVerfGE 12, 205:	Deutschland-Fernsehen-GmbH
BVerfGE 81, 310:	Kalkar II
BVerfGE 84, 25:	Schacht Konrad
BVerfGE 104, 249:	Atomkonsens

---

[40] BVerfGE 2, 143, 155; *Schlaich/Krioth*, Das Bundesverfassungsgericht Rn 99.
[41] *Ipsen*, Staatsrecht I Rn 888.
[42] Nach *Leisner*, in: Starck, Bundesverfassungsgericht und Grundgesetz Band I 1976, S. 287 „erscheint (der Bund-Länder-Streit) heute als eine praktisch nahezu bedeutungslose Kompetenz des BVerfG".

Klausurfälle

Kisker, Der praktische Fall – Öffentliches Recht: Atom 2000, JuS 1995, 717; *Freytag*, Das Fleischverwertungsverbot, Jura 2002, 130; *Fischer*, Die Kulturrevolution des Bundes, JuS 2003, 137; *Maierhöfer*, Verwaltungskompetenzen im Bundesstaat und grundrechtliche Schutzpflichten, JuS 2004, 598; *Ernst*, Das teure Naturdenkmal, JA 2006, 38.

A. Zulässigkeit des Bund-Länder-Streits

I. Parteifähigkeit

Da es sich beim Bund-Länder-Streit um ein **kontradiktorisches Verfahren** handelt, müssen sowohl Antragsteller als auch Antragsgegner parteifähig sein. Parteifähig sind gem. § 68 BVerfGG der Bund und die Länder. Als gesetzlich vorgeschriebene Vertreter (§ 68 BVerfGG) betreiben die jeweiligen Regierungen das Verfahren.[43]

II. Antragsgegenstand

Antragsgegenstand sind gem. Art. 93 I Nr. 3 GG, § 69 iVm § 64 I BVerfGG Meinungsverschiedenheiten über Rechte und Pflichten des Bundes und der Länder, die aus einer **konkreten rechtserheblichen Maßnahme oder Unterlassung des Antragsgegners folgen**. Rechtserheblich ist eine Maßnahme, wenn sie geeignet ist, in den Rechtskreis eines Beteiligten einzugreifen.[44] Unterlassungen sind dann rechtserheblich, wenn eine Verpflichtung zur Vornahme der entsprechenden Handlung besteht. Zulässiger Antragsgegenstand kann etwa eine Weisung des Bundes an die Länder nach Art. 85 III GG, aber auch der **Erlass** eines Gesetzes (nicht jedoch das Gesetz als solches) sein.

---

[43] *Sachs*, Verfassungsprozessrecht Rn 303. A.a. *Pestalozza*, Verfassungsprozessrecht, 3. Auflage 1991, S. 136 f., der gestützt auf Art. 93 I Nr. 3 GG die Ansicht vertritt, dass auch die Landesparlamente parteifähig sind.

[44] *Degenhart*, Staatsrecht I Rn 607.

III. Antragsbefugnis

Gemäß § 69 iVm § 64 I BVerfGG muss der Antragsteller die Möglichkeit einer eigenen Rechtsverletzung geltend machen. **Verletzte Rechte des Antragstellers können dabei nur solche aus dem Grundgesetz sein**[45], die aus dem Bundesstaatsverhältnis resultieren.[46] Als Beispiel seien genannt: Die Verletzung der Kompetenzen von Bund bzw. Ländern (**Gesetzgebungs-, Verwaltungs oder Finanzierungskompetenzen**).[47] Ferner gilt wie beim Organstreit die **Möglichkeitstheorie**. Das heißt, es muss nach dem Vortrag des Antragstellers als möglich (also als nicht von vornherein ausgeschlossen) erscheinen, dass eine solche Verletzung oder Gefährdung tatsächlich gegeben ist.

IV. Form und Frist

Für die Form gilt zunächst § 23 I BVerfGG; der Antrag ist demnach schriftlich einzureichen und zu begründen. Darüber hinaus bestimmt § 69 iVm § 64 II BVerfGG, dass in der Begründung die Verfassungsvorschrift genannt werden muss, gegen die der Antragsgegner verstoßen haben soll. Der Antrag muss innerhalb von **sechs Monaten**, nachdem dem Antragsteller das jeweilige Verhalten bekannt geworden ist, beim BVerfG eingereicht werden, § 69 iVm § 64 III BVerfGG. Im Falle einer Unterlassung beginnt die Frist dann, wenn sich der Antragsgegner erkennbar eindeutig weigert, in der geforderten Weise tätig zu werden.[48]

---

[45] Art. 93 I Nr. 3 GG formuliert die Beschränkung auf Rechte und Pflichten aus der Verfassung zwar nicht ausdrücklich, sie ergibt sich aber aus dem Zusammenhang mit Art. 93 I Nr. 4 GG, vgl. *Schlaich/Korioth*, Bundesverfassungsgericht, Rn 99; *Sachs*, Verfassungsprozessrecht Rn 306.
[46] *Robbers*, Verfassungsprozessuale Probleme, S. 79.
[47] Weitere Beispiele bei *Sachs*, Verfassungsprozessrecht Rn 307.
[48] BVerfGE 92, 80, 89.

(V. Vorverfahren)

Nur für den Sonderfall von Meinungsverschiedenheiten bei der Ausführung von Bundesgesetzen durch die Länder als deren eigene Angelegenheit (Art. 84 I GG) ist gemäß Art. 84 IV GG ein Vorverfahren vor dem Bundesrat vorgesehen (sog. **Mängelrügeverfahren**).[49]

B. Begründetheit

Der Antrag ist begründet, soweit die beanstandete Maßnahme oder Unterlassung tatsächlich gegen das GG verstößt und dadurch die Rechte des Antragstellers, die sich aus dem bundesstaatlichen Rechtsverhältnis ergeben, verletzt. **Prüfungsmaßstab ist das GG**, insbesondere die Kompetenzvorschriften und der ungeschriebene Grundsatz der Bundestreue. Es wird allein die vom Antragsteller behauptete Verletzung in eigenen Rechten überprüft.

> **Hinweis**: Für den Aufbau der Begründetheit gelten im Wesentlichen die gleichen Grundsätze wie beim Organstreitverfahren.

C. Entscheidung des Bundesverfassungsgerichts

Gemäß § 69 iVm § 67 1 BVerfGG trifft das Bundesverfassungsgericht eine **Feststellungsentscheidung**. Es kann daher nur feststellen, dass eine Maßnahme gegen das GG verstößt und Rechte des Antragstellers verletzt. Das BVerfG kann hingegen weder einzelne Staatsakte aufheben noch den Bund oder die Länder zu einer bestimmten Handlung verpflichten. Der Antragsgegner ist aber aufgrund seiner Verfassungsbindung verpflichtet, die erforderlichen Maßnahmen zur Beseitigung des verfassungswidrigen Zustandes zu ergreifen.[50]

---

[49] Hierzu ausführlich *Sachs*, Verfassungsprozessrecht Rn 309 f.
[50] *Maurer*, Staatsrecht I, § 20 Rn 51.

A. Zulässigkeit

I. Beteiligtenfähigkeit

Bund und Länder, jeweils vertreten durch ihre Regierungen.

II. Antragsgegenstand

Meinungsverschiedenheiten über Rechte und Pflichten des Bundes und der Länder, die aus einer rechtserheblichen Maßnahme oder Unterlassung des Antragsgegners folgen.

III. Antragsbefugnis

Antragsteller muss geltend machen können, durch die Maßnahme oder Unterlassung in seinen ihm durch das GG übertragenen Rechten und Pflichten verletzt oder unmittelbar gefährdet zu sein. Es muss sich um Rechte und Pflichten aus dem Bundesstaatsverhältnis handeln.

IV. Form und Frist

Die Form richtet sich nach § 23 I BVerfGG und §§ 69 iVm 64 II BVerfGG (schriftlich mit Begründung). Es besteht eine Frist von 6 Monaten (§§ 69 iVm 64 III BVerfGG).

B. Begründetheit

Der Antrag ist begründet, soweit die beanstandete Maßnahme oder Unterlassung tatsächlich gegen das Grundgesetz verstößt und der Antragsteller dadurch in seinen Rechten und Pflichten aus dem Bundesstaatsverhältnis verletzt wird.

DIE KONKRETE NORMENKONTROLLE, ART. 100 I GG, §§ 13 NR. 11, 80 FF. BVERFGG[51]

Neben der abstrakten Normenkontrolle nach Art. 93 I Nr. 2 GG kennt das Grundgesetz noch ein weiteres Normenkontrollverfahren, die konkrete Normenkontrolle nach Art. 100 I GG. Ebenso wie beim Verfahren nach Art. 93 I Nr. 2 GG wird im Rahmen des konkreten Normenkontrollverfahrens die Vereinbarkeit eines Bundes- oder Landesgesetzes mit dem Grundgesetz überprüft (Art. 100 I S. 1 Alt. 2 bzw. S. 2 Alt. 1 GG) bzw. die Vereinbarkeit eines Landesgesetzes mit einem Bundesgesetz (Art. 100 I S. 2 Alt. 2 GG).[52]

Anders als bei der abstrakten Normenkontrolle, mit der jegliches Bundes- oder Landesrecht gleich welchen Ranges überprüft werden kann, werden im Rahmen eines konkreten Normenkontrollverfahrens nur formelle nachkonstitutionelle Gesetze auf ihre Verfassungsmäßigkeit hin geprüft.[53]

> **Begriffserklärung:** Der Begriff **formelles Gesetz** bezeichnet einen vom verfassungsrechtlichen Gesetzgeber im Gesetzgebungsverfahren beschlossenen Rechtssatz.[54] **Nachkonstitutionelle Gesetze** sind solche, die nach dem Inkrafttreten des Grundgesetzes (23. Mai 1949) verkündet worden sind.[55]

Das konkrete und das abstrakte Normenkontrollverfahren unterscheiden sich ferner dadurch, dass Anlass für ein konkretes Normenkontrollverfahren immer ein (konkreter) Rechtsstreit vor einem deutschen Gericht ist.[56]

---

[51] Zu dieser auch *Wernsmann*, Jura 2005, 328.

[52] In Art. 100 I S. 1 Alt. 1 GG ist schließlich noch der Fall geregelt, dass ein Gericht ein Landesgesetz wegen der Verletzung der Landesverfassung für verfassungswidrig hält und dem Landesverfassungsgericht vorlegt. Die nähere Ausgestaltung dieses Verfahren regeln die Landesverfassungen bzw. Landesverfassungsgerichtsgesetze. Auf die diesbezüglichen Verfahren wird hier nicht näher eingegangen.

[53] *Jarass/Pieroth*, Art. 100 GG Rn 6.

[54] Zum formellen Gesetzesbegriff siehe *Maurer*, Staatsrecht I, § 17 Rn 7 ff.

[55] BVerfGE 4, 331, 339 ff.

[56] Für die abstrakte Normenkontrolle ist ein konkreter Rechtsstreit hingegen gerade nicht erforderlich.

Zu einem Verfahren nach Art. 100 I GG kommt es immer dann, wenn das über einen konkreten Rechtsstreit zu befindende Gericht ein Gesetz, auf dessen Gültigkeit es bei der Entscheidung ankommt, für verfassungswidrig hält. Nach Art. 100 I GG hat das Gericht in diesem Fall das entsprechende Gesetz dem Bundesverfassungsgericht vorzulegen, welches dann in einem Normenkontrollverfahren über die Verfassungsmäßigkeit der Norm entscheidet.

Merke: Die Prüfung des BVerfG unterscheidet sich hier in keiner Weise von derjenigen, die im Rahmen der abstrakten Normenkontrolle vorgenommen wird. Es wird also nur das vorgelegte Gesetz überprüft, ohne dass der konkrete Einzelfall eine Rolle spielen würde. Bei der konkreten Normenkontrolle handelt es sich also eigentlich um eine „**abstrakte Normenkontrolle aus Anlass eines konkreten Falles**".

Kommt das Bundesverfassungsgericht zu dem Ergebnis, dass das Gesetz tatsächlich mit dem Grundgesetz unvereinbar ist, erklärt es dieses mit Gesetzeskraft für nichtig, mit der Folge, dass das verfassungswidrige Gesetz nicht mehr angewendet werden darf.[57]

Art. 100 I GG konzentriert somit die **Verwerfungskompetenz** für formelle, nachkonstitutionelle Gesetze beim Bundesverfassungsgericht. Den übrigen Gerichten ist es hingegen nicht gestattet, als verfassungswidrig erachtete (formelle, nachkonstitutionelle) Gesetze unabhängig von einer Entscheidung des Bundesverfassungsgerichts bei der Rechtsanwendung außer Acht zu lassen, diese also zu „verwerfen". Man spricht insofern auch vom „**Verwerfungsmonopol**" des Bundesverfassungsgerichts.[58]

Achtung: Art. 100 I GG gilt nur für *nachkonstitutionelle formelle Gesetze*. Nur für diese Normen ist also die Verwerfungskompetenz beim Bundesverfassungsgericht konzentriert. Für formelle, vorkonstitutionelle Gesetze und untergesetzliches Recht (Satzungen oder Rechtsverordnungen) liegt die Verwerfungskompetenz hingegen auch bei allen anderen Gerichten. Diese sind also be-

---

[57] Entsprechendes gilt, wenn ein Gericht Landesgesetze für unvereinbar mit einem Bundesgesetz hält, Art. 100 I S. 2 Alt. 2.

[58] Vgl. *Jarass/Pieroth*, Art. 100 GG Rn 2.

rechtigt und auch verpflichtet, untergesetzliche Normen nicht anzuwenden, wenn sie diese für verfassungswidrig halten. Zu beachten ist ferner, dass zwar die **Verwerfungskompetenz** für formelle, nachkonstitutionelle Gesetze ausschließlich beim Bundesverfassungsgericht liegt. Die **Prüfungskompetenz** für diese Gesetze haben jedoch auch alle anderen Gerichte.[59] Diese sind also befugt, auch formelle, nachkonstitutionelle Gesetze auf ihre Verfassungsmäßigkeit hin zu prüfen. Andernfalls könnte nie ein Verfahren nach Art. 100 I GG eingeleitet werden, da hierfür schließlich Voraussetzung ist, dass ein Gericht ein Gesetz für verfassungswidrig hält, dieses also zunächst auf seine Verfassungsmäßigkeit hin geprüft haben muss.

Zweck des Art. 100 I GG ist zunächst der **Schutz des unmittelbar demokratisch legitimierten Gesetzgebers** vor der Missachtung seiner Rechtssätze durch die einzelnen Gerichte. Diese werden durch Art. 100 I GG daran gehindert, sich über den Willen des Bundes- oder Landesgesetzgebers hinwegzusetzen, indem sie die von den Parlamenten beschlossenen Gesetze nicht anwenden.[60] Die Konzentration der Verwerfungskompetenz beim Bundesverfassungsgericht nach Art. 100 I GG verhindert zudem divergierende Entscheidungen der einzelnen Gerichte hinsichtlich verfassungsrechtlicher Fragen. Das Verfahren dient daher auch der **Rechtseinheit und Rechtssicherheit.**[61]

Wichtige Entscheidungen

BVerfGE 1, 184:   Polizeiverordnung
BVerfGE 2, 124:   Handwerksordnung
BVerfGE 49, 89:   Kalkar I

Klausurfall

Pleyer, Die gesetzesändernde Änderungsverordnung, JA 2001, 226 ff.; *Windthorst/Sattler*, Hartz IV, JuS 2014, 826

---

[59]   Vgl. *Schlaich/Korioth*, Das Bundesverfassungsgericht Rn 135.
[60]   BVerfGE 1, 184, 197 ff.
[61]   BVerfGE 54, 47, 51.

A. Zulässigkeit der konkreten Normenkontrolle

I. Vorlageberechtigung

Vorlageberechtigt ist nach Art. 100 I GG ein **Gericht**. Gericht iSd Art. 100 I GG ist jede staatliche Spruchstelle, die sachlich unabhängig, in einem formell gültigen Gesetz mit den Aufgaben eines Gerichts betraut und als Gericht bezeichnet ist.[62]

II. Vorlagegegenstand

Zulässiger Vorlagegegenstand eines konkreten Normenkontrollverfahrens ist nach Art. 100 I GG ein **Gesetz**. Gemeint sind damit ausschließlich **formelle Bundes- oder Landesgesetze**.[63] Untergesetzliche Normen (Rechtsverordnungen und Satzungen) sind kein tauglicher Vorlagegegenstand.[64] Zudem muss es sich bei dem Gesetz nach der Rechtsprechung des Bundesverfassungsgerichts um **ein nachkonstitutionelles Gesetz** handeln,[65] also ein Gesetz, das nach dem 23. Mai 1949 verkündet worden ist.[66] Wichtig ist in diesem Zusammenhang jedoch, dass auch Gesetze, die vor dem Inkrafttreten des Grundgesetzes erlassen worden sind, als nachkonstitutionelle Gesetze anzusehen sind, wenn diese **Aufnahme in den Willen des nachkonstitutionellen Gesetzgebers** gefunden haben.

---

[62] BVerfGE, 6, 55, 63. Gericht iSd Art. 100 I sind daher Amtsgerichte, Landgerichte, Oberlandesgerichte, der Bundesgerichtshof, ferner die Gerichte der Arbeits-, Verwaltungs-, Sozial- und Finanzgerichtsbarkeit, darüber hinaus aber auch die Landesverfassungsgerichte und die Gerichte der freiwilligen Gerichtsbarkeit. Unter Umständen auch Berufs- und Ehrengerichte (BVerfGE 48, 300, 315 f.).

[63] Hierzu zählen auch verfassungsändernde Gesetze.

[64] Zu der schwierigen Frage, ob auch das Sekundärrecht der EU Prüfungsgegenstand in einem Verfahren nach Art. 100 I GG sein kann, siehe *Lecheler*, Zum Bananenmarkt-Beschluss des BVerfG, NJW 2000, 3124, in: JuS 2001, 120 ff. Zur Prüfung im Rahmen einer Klausur *Thiele*, Europarecht, § 6 sowie *Thiele*, Standardfälle Europarecht, Fall 1.

[65] BVerfGE 2, 124, 128 f. Die Beschränkung des Vorlagegegenstandes auf nachkonstitutionelle Gesetze ergibt sich aus dem Sinn und Zweck des Art. 100 I GG (Schutz des parlamentarischen Gesetzgebers).

[66] Differenzierend jedoch *Sachs*, Verfassungsprozessrecht Rn 190 ff.

30

Dies ist etwa der Fall, wenn das entsprechende Gesetz maßgeblich geändert worden ist[67] (z.B. das StGB) oder im Bundesgesetzblatt neu verkündet worden ist[68] (eine Neubekanntmachung reicht hingegen nicht aus).[69]

III. Überzeugung des Gerichts von der Verfassungswidrigkeit des Gesetzes

Das vorlegende Gericht muss **von der Verfassungswidrigkeit** des vorzulegenden Gesetzes **überzeugt sein**. Bloße Zweifel genügen nicht.[70] Eine Vorlage ist zudem dann ausgeschlossen, wenn das Gericht die Möglichkeit einer verfassungskonformen Auslegung hat.[71] Im Fall des Art. 100 I S. 2 Alt. 2 GG muss das vorlegende Gericht von der Unvereinbarkeit des Landesgesetzes mit einem Bundesgesetz überzeugt sein.

IV. Entscheidungserheblichkeit

Voraussetzung für die Zulässigkeit des konkreten Normenkontrollverfahrens ist ferner, dass es auf die Gültigkeit des vorzulegenden Gesetzes bei der Entscheidung im konkreten Ausgangsverfahren ankommt. Dies ist der Fall, wenn das Gericht bei Ungültigkeit des Gesetzes zu einem anderen Ergebnis kommt als bei dessen Gültigkeit.[72]

V. Frist und Form

Ein Fristerfordernis besteht nicht. Hinsichtlich der Form ist zu beachten, dass das Begründetheitserfordernis des § 23 I S. 2 BVerfGG durch § 80 II S. 1 BVerfGG spezifiziert wird.
Die Begründung muss angeben, inwiefern von der Gültigkeit der Rechtsvorschrift die Entscheidung des Gerichts ab-

---

[67] *Degenhart*, Staatsrecht I Rn 622.
[68] BVerfGE 11, 126, 131 f.
[69] Dazu auch *Schmidt*, Staatsorganisationsrecht Rn 669 ff.
[70] BVerfGE 78, 104, 117.
[71] BVerfGE 70, 134, 137.
[72] BVerfGE 7, 171, 173. Zu den auftretenden Problemen im Zusammenhang mit dem Kriterium der Entscheidungserheblichkeit siehe *Sachs*, Verfassungsprozessrecht, Rn 202; *Schlaich/Korioth*, Das Bundesverfassungsgericht Rn 146 ff.

hängig ist und mit welcher übergeordneten Rechtsnorm sie unvereinbar ist.

B. Begründetheit

Die konkrete Normenkontrolle ist begründet, soweit der Vorlagegegenstand tatsächlich gegen das Grundgesetz verstößt (in den Fällen des Art. 100 I S. 1 Alt. 2 und S. 2 Alt. 1 GG) bzw. wenn das vorgelegte Landesgesetz gegen ein Bundesgesetz verstößt (Art. 100 I S. 2 Alt. 2 GG).

C. Entscheidung des Bundesverfassungsgerichts

Kommt das Bundesverfassungsgericht zu der Überzeugung, dass das vorgelegte Gesetz mit dem Grundgesetz (in den Fällen des Art. 100 I S. 1 Alt. 2 und S. 2 Alt. 1 GG) bzw. mit einem Bundesgesetz (Art. 100 I S. 2 Alt. 2 GG) unvereinbar ist, erklärt es dieses für nichtig, § 82 iVm § 78 BVerfGG. Die Entscheidung hat Gesetzeskraft (§ 31 II S. 1 BVerfGG).

Die Rechtsfolgen der Nichtigerklärung bestimmt § 79 BVerfGG. Daneben hat das BVerfG noch die sogenannte **Unvereinbarkeitserklärung** entwickelt, die insbesondere bei gleichheitswidrigen Begünstigungsausschlüssen Anwendung findet und mittlerweile in § 31 II, 79 I BVerfGG vom Gesetzgeber „zur Kenntnis genommen" worden ist.[73] Ist das Gesetz „noch" verfassungsgemäß, ergeht oftmals eine „**Appellentscheidung**", in der das Gericht an den Gesetzgeber appelliert, tätig zu werden, um eine möglicherweise zukünftig eintretende Verfassungswidrigkeit zu vermeiden.[74]

---

[73] *Schlaich/Koritoth*, Das Bundesverfassungsgericht Rn 397.
[74] Ausführlich zu diesen Formen der Entscheidung *Schlaich/Korioth*, Das Bundesverfassungsgericht Rn 394 ff.; *Yang*, Die Appellentscheidungen des Bundesverfassungsgerichts, 2002.

A. Zulässigkeit

    I. Vorlageberechtigung

       Nur Gerichte, also jede staatliche Spruchstelle, die sachlich unabhängig, in einem formellen Gesetz mit den Aufgaben eines Gerichts betraut und als Gericht bezeichnet ist.

    II. Vorlagegegenstand

       Nur formelle nachkonstitutionelle Gesetze.

    III. Überzeugung von der Verfassungswidrigkeit

       Das vorlegende Gericht muss von der Verfassungswidrigkeit des vorzulegenden Gesetzes überzeugt sein. Bloße Zweifel genügen nicht. Im Fall des Art. 100 I S. 2 Alt. 2 GG muss es von der Unvereinbarkeit mit einem Bundesgesetz überzeugt sein.

    IV. Entscheidungserheblichkeit

       Die Frage der Gültigkeit des Gesetzes muss entscheidungserheblich sein. Dies ist der Fall, wenn das Gericht bei Ungültigkeit des Gesetzes anders tenorieren müsste.

    V. Form/Frist

       Die Form richtet sich nach § 23 und § 80 II S. 1 BVerfGG. Eine Frist besteht nicht.

B. Begründetheit

Die konkrete Normenkontrolle ist begründet, soweit der Vorlagegegenstand tatsächlich gegen das Grundgesetz verstößt (in den Fällen des Art. 100 I S. 1 Alt. 2 und S. 2 Alt. 1 GG), bzw. wenn das vorgelegte Landesgesetz gegen Bundesrecht verstößt (Art. 100 I S. 2 Alt. 2).

2. TEIL: FÄLLE UND VERTIEFUNGEN

Im zweiten Teil dieses Skripts wird anhand von zehn Standardfällen ein Einblick in das Staatsorganisationsrecht einschließlich einiger umstrittener verfassungsrechtlicher Fragen gegeben, die immer wieder Gegenstand von Anfängerklausuren sein können. Die Lösungen zu den Fällen sind ausformuliert und verstehen sich als **Formulierungsvorschlag** für entsprechende Klausurlösungen. Es wurde bewusst auf eine lediglich skizzenhafte Falllösung verzichtet, da gerade Anfangssemester oftmals große Mühe haben, die gefundene gedankliche Klausurlösung auch sprachlich souverän darzustellen.

Dies liegt nicht zuletzt daran, dass man sich den sogenannten **Gutachtenstil,** ebenso wie das juristische Fachwissen, erst im Laufe des Studiums aneignen muss. Insbesondere die richtige Mischung von Urteils- und Gutachtenstil lässt sich jedoch nur schwer abstrakt erläutern, sondern kann letztlich allein durch das Schreiben und Lösen von Klausuren wirklich verinnerlicht werden. Eine Hilfestellung bietet zudem die Einführung von *Butzer/Epping*, Arbeitstechnik im öffentlichen Recht, 3. Auflage 2006. Insgesamt sollte die Bedeutung des Stils für den Erfolg einer Klausur nicht unterschätzt werden.

In zehn Fällen kann natürlich nur ein kleiner Teil der staatsorganisationsrechtlichen Probleme dargestellt werden. Daher finden sich am Ende vieler Fälle sog. **Vertiefungen**, in denen weitere prüfungsrelevante Problemkreise dargestellt werden. Diese Vertiefungen können jedoch ein Lehrbuch und die dazugehörige Vorlesung keinesfalls ersetzen! Insoweit wird auch an dieser Stelle noch einmal auf die Literaturhinweise im dritten Teil des Skripts verwiesen. Neue, unbekannte Fachbegriffe können zudem im Rechtswörterbuch von *Creifelds* nachgeschlagen werden, eine Investition, die sich im Laufe des Studiums auszahlt.

34

In der Öffentlichkeit wird immer mehr die Reformunfähigkeit des deutschen Staatssystems kritisiert. Ständige Blockaden durch die Opposition im Bundesrat verbunden mit einer faktischen Handlungsunfähigkeit durch die vielen Wahlkämpfe führten dazu, dass die Bundesrepublik nicht in der Lage sei, die notwendigen Anpassungen an die globalisierten Verhältnisse vorzunehmen. Mit diesen Fragen soll sich eine Kommission zur Reform des Grundgesetzes befassen und Vorschläge unterbreiten, wie dieses Problem angegangen werden kann. Sie schlägt unter anderem vor, die Wahlperiode des Bundestages von derzeit vier Jahren (vgl. Art. 39 I 1 GG) auf acht Jahre zu erhöhen. Hierdurch werde der Wahlkampfdruck abgemildert und die jeweilige Regierung könne unbefangen notwendige Schritte einleiten, ohne eine unmittelbare Abwahl zu befürchten. Alle Parteien im Bundestag sind von dem Vorschlag angetan. Die Bundesregierung bringt daher zügig einen entsprechenden Vorschlag zur Änderung des Art. 39 I 1 GG für die kommende Wahlperiode in den Bundestag ein. Das Gesetz wird im Bundestag und auch im Bundesrat jeweils mit 2/3-Mehrheit angenommen, anschließend vom Bundespräsidenten unterzeichnet und ausgefertigt. Die niedersächsische Landesregierung hat Zweifel, ob die Grundgesetzänderung mit den verfassungsrechtlichen Grundentscheidungen aus Art. 20 GG vereinbar ist. Insbesondere sei das Demokratieprinzip berührt. Die Bundesregierung steht demgegenüber auf dem Standpunkt, dass hier eine Verfassungsänderung vorliege und eine solche stets möglich sei. Es gäbe schließlich kein „verfassungswidriges Verfassungsrecht"!

Kann sich das Land N mit Erfolg an das BVerfG wenden?

LÖSUNG FALL 1: LÄNGER AN DIE MACHT

Vorüberlegung: Die Landesregierung möchte wissen, ob sie sich mit Erfolg an das BVerfG wenden kann. Sie strebt also einen **Verfassungsprozess** an. Bei der Beantwortung der Frage müssen Sie folglich nicht allein das Änderungsgesetz betrachten und klären, ob es mit dem GG zu vereinbaren ist. Sie müssen sich vielmehr auch überlegen, ob der Landesregierung ein Verfahren bereit steht, dass ihr eine solche Rüge vor dem BVerfG gestattet. Die Aufgabe ist also „prozessual eingekleidet". Verfahren vor dem BVerfG gliedern sich grds. in zwei Teile: Die **Zulässigkeit** und die **Begründetheit**. Damit ist auch für ihre Falllösung die Grobgliederung vorgegeben. Voranstellen müssen Sie zudem einen Obersatz!!

Die Landesregierung wendet sich gegen ein Bundesgesetz und rügt dessen Verfassungswidrigkeit. In Betracht kommt damit eine **abstrakte Normenkontrolle**[75] gemäß Art. 93 I Nr. 2 GG, §§ 13 Nr. 6, 76 ff. BVerfGG. Diese hat Aussicht auf Erfolg, soweit sie zulässig (A) und begründet (B) ist.

> **Tipp**: Es empfiehlt sich, bereits im Obersatz klarzustellen, was im Folgenden geprüft wird und unter welcher Gliederungsebene die entsprechenden Prüfungen zu finden sind. Dies hilft insbesondere dem Korrektor, den Überblick zu behalten. In diesem Fall ist durch den Obersatz klargestellt, dass sich die Zulässigkeit der Klage unter (A), die Begründetheit unter (B) findet.

A. Zulässigkeit

I. Antragsberechtigung

Die Landesregierung müsste im Verfahren der abstrakten Normenkontrolle **antragsberechtigt** sein. Antragsberechtigt sind gemäß Art. 93 I Nr. 2 GG die Bundesregierung, die Landesregierungen sowie 1/4 der Mitglieder des Bundestags.[76] Die Landesregierung Niedersachsens ist demnach antragsberechtigt.

---

[75] Lesen Sie zu dieser auch *Robbers*, JuS 1994, 397.
[76] Gemeint ist mit dieser Formulierung die gesetzliche Mitgliederzahl, vgl. Art. 121 GG.

> **Merke**: Einen Antragsgegner gibt es bei der abstrakten Normenkontrolle nicht, es handelt sich nicht um ein kontradiktorisches, sondern um ein **objektives Beanstandungsverfahren**, siehe *Schlaich/Korioth*, Das Bundesverfassungsgericht Rn 123; *Ipsen*, Staatsorganisationsrecht Rn 892.

II. Antragsgegenstand

Es müsste sich bei dem Gesetz zur Änderung des GG um einen **zulässigen Antragsgegenstand** handeln. Zulässiger Antragsgegenstand ist gemäß Art. 93 I Nr. 2 GG Bundesrecht und Landesrecht. Hier handelt es sich um ein Bundesgesetz und damit um Bundesrecht. Das Änderungsgesetz ist damit ein zulässiger Antragsgegenstand.

> **Merke**: Auch die Verfassung wird durch ein „normales" Bundesgesetz geändert. In Art. 79 GG finden sich für dieses indes besondere Regelungen, die für den Erlass eines solchen Gesetzes gelten. Erforderlich sind danach insbesondere qualifizierte 2/3-Mehrheiten im Bundestag und Bundesrat.

III. Antragsgrund

Die Landesregierung müsste zudem einen Antragsgrund haben. Dieser ist gemäß Art. 93 I Nr. 2 GG gegeben, wenn ein Antragsberechtigter **„Zweifel" bezüglich der Vereinbarkeit des Antragsgegenstandes mit dem GG** hat. Dies ist laut Sachverhalt bei der Landesregierung der Fall.

Problematisch ist indes, dass § 76 BVerfGG als einfachgesetzliche Konkretisierung des Art. 93 I Nr. 2 GG Zweifel allein nicht ausreichen lässt, sondern vielmehr verlangt, dass der Antragsteller den Antragsgegenstand „für nichtig hält", mithin von der Verfassungswidrigkeit überzeugt ist. Diese Voraussetzung erfüllt die Landesregierung nicht. Zu beachten ist jedoch, dass **Art. 93 I Nr. 2 GG als höherrangiges Recht** dem § 76 BVerfGG vorgeht.

Maßgeblich ist damit allein der Wortlaut des Art. 93 I Nr. 2 GG und nicht der strengere Maßstab des § 76 BVerfGG. Die Landesregierung ist damit antragsbefugt.

Merke: Bei der Frage des Antragsgrundes stellt § 76 BVerfGG strengere Maßstäbe auf als Art. 93 I Nr. 2 GG. Aufgrund der **Normenhierarchie** setzt sich jedoch die grundgesetzliche Bestimmung durch, so dass im Ergebnis „Zweifel" bzgl. der Vereinbarkeit als Antragsgrund ausreichend sind, vgl. *Schlaich/ Korioth*, Das Bundesverfassungsgericht Rn 130. Dies ist im Rahmen staatsrechtlicher Klausuren ein „Klassiker". Zwar sieht das BVerfG dies in der Praxis anders und bezeichnet § 76 BVerfGG als verfassungskonforme Konkretisierung des Art. 93 I Nr. 2 GG. Sie sollten sich jedoch im Ergebnis mit der Literatur entscheiden.

IV. Form und Frist

Ein eventueller Antrag müsste form- und fristgerecht eingereicht werden. Für die Form bestimmt § 23 I BVerfGG die Schriftlichkeit. Zudem wäre der Antrag zu begründen. Eine Frist besteht für das Verfahren der abstrakten Normenkontrolle nicht.

Beachte: Im Fehlen einer Frist für die Einleitung des Verfahrens zeigt sich erneut der **objektive Kontrollcharakter** der abstrakten Normenkontrolle. Es geht nicht um die Sicherung subjektiver Rechte des Einzelnen, sondern um eine objektive Rechtmäßigkeitskontrolle, die fristungebunden möglich sein soll.

V. Ergebnis

Eine abstrakte Normenkontrolle der Landesregierung wäre zulässig.

B. Begründetheit

Die abstrakte Normenkontrolle ist auch begründet, soweit das Änderungsgesetz zur Verlängerung der Wahlperiode tatsächlich gegen das GG verstößt.

Merke: Der Prüfungsmaßstab im Rahmen der abstrakten Normenkontrolle hängt vom jeweiligen Antragsgegenstand ab. Hier geht es um ein verfassungsänderndes Bundesgesetz, so dass allein das GG und dort wegen Art. 79 III GG auch nur die Grundsätze des Art. 1 und 20 GG Prüfungsmaßstab sind, vgl. Art. 93 I Nr. 2 GG. Handelt es sich beim Antragsgegenstand dagegen etwa um Landesrecht, so wäre das gesamte höherrangige Bundesrecht Prüfungsmaßstab (also auch z.B. Bundesrechtsverordnungen). Siehe hierzu *Schlaich/Korioth*, Das Bundesverfassungsgericht Rn 131.

Zwischenüberlegung: Es stellt sich für einen „Anfänger" die Frage, wie ein Gesetz generell auf seine Verfassungsmäßigkeit hin überprüft werden kann. Das genaue Gesetzgebungsverfahren wird in späteren Fällen eingehend erläutert werden. Hier nur soviel: Eine Gesetzesprüfung teilt sich grob in **zwei Teile**. Zunächst wird die **formelle Verfassungsmäßigkeit** überprüft. Hier geht es um die *Kompetenz, das Verfahren sowie die Form* des Gesetzes. Anschließend wird die **materielle Verfassungsmäßigkeit** untersucht. Hier geht es um die Frage, ob das betreffende Gesetz *inhaltlich* mit der Verfassung im Einklang steht. Siehe zu dieser, das gesamte Recht bestimmenden Unterscheidung zwischen formellen und materiellen Regelungen *Stein/Frank*, Staatsrecht, S. 1.

Zu untersuchen ist damit die formelle (I.) und materielle (II.) Verfassungsmäßigkeit des Änderungsgesetzes.

I. Formelle Verfassungsmäßigkeit

Merke: Die formelle Verfassungsmäßigkeit eines Gesetzes gliedert sich immer in die Punkte **Zuständigkeit**, **Verfahren**, **Form**.

---

1. Zuständigkeit

Der Bund müsste für das Änderungsgesetz zuständig gewesen sein. Nach der aus Art. 30 und 70 GG folgenden Grundregel liegt die Gesetzgebungszuständigkeit nur dann beim Bund, wenn dieser eine ausdrückliche Kompetenz im GG nachweisen kann.

Zwischenbemerkung: Diese Regelungen zur Zuständigkeit des Bundes und der Länder werden in Fall 3 eingehend erläutert werden. An dieser Stelle sollten Sie sie zunächst nur zur Kenntnis nehmen. Lesen Sie sich aber in jedem Falle bereits jetzt die entsprechenden Bestimmungen des GG durch (Art. 30, 70-74 GG). Guter Überblick zudem bei *Ipsen*, Staatsorganisationsrecht Rn 532-591 sowie *Hebeler*, JA 2010, 688.

In diesem Fall ist zu beachten, dass es sich um eine Änderung des Grundgesetzes handelt. Diese Änderungen sind gemäß Art. 79 II GG nur durch ein *Bundes*gesetz zulässig. Der Bund war damit für das Änderungsgesetz zuständig.

2. Verfahren[77]

Es müsste das Gesetzgebungsverfahren eingehalten worden sein. Dieses richtet sich nach den **Art. 76 ff. GG**.[78] Das Gesetzgebungsverfahren kann gemäß Art. 76 I GG allein durch die Bundesregierung, den Bundesrat oder der Mitte des Bundestages[79] eingeleitet werden. Hier wurde es laut Sachverhalt zulässigerweise von der **Bundesregierung** eingeleitet. Beschlossen werden die Bundesgesetze zunächst vom Bundestag, anschließend werden sie dem Bundesrat zugeleitet. Für beide Gremien ist zu beachten, dass Art. 79 II GG sowohl im Bundestag als auch im Bundesrat verlangt, dass 2/3 der Mitglieder dem Änderungsgesetz zustimmen.
Dies ist laut Sachverhalt geschehen. Zudem hat der Bundespräsident das Gesetz unterzeichnet und auch ausge-

---

[77] Lesen Sie zum Gesetzgebungsverfahren die Art. 76 ff. GG, sowie §§ 75-91 GOBT.

[78] Lesen Sie bitte schon jetzt die Normen und - sofern Zeit vorhanden - *Maurer*, Staatsrecht I, § 17 Rn 51-85. Siehe zum Gesetzgebungsverfahren die Vertiefung zu Fall 7.

[79] Gemeint ist mit dieser Formulierung das Einbringen durch ein bestimmtes Quorum von Abgeordneten. Siehe auch § 76 GOBT.

fertigt (vgl. Art. 82 GG). Das Verfahren ist damit gewahrt worden.

3. Form

Das Gesetz muss schriftlich ergehen und den Wortlaut des GG ausdrücklich ändern. Dies ist laut Sachverhalt der Fall.

4. Ergebnis

Das Änderungsgesetz ist formell verfassungsgemäß.

II. Materielle Verfassungsmäßigkeit

Vorüberlegungen: Grds. sind Bundesgesetze an allen grundgesetzlichen Normen zu messen. Eine Besonderheit besteht jedoch für verfassungsändernde Gesetze, da diese ja bestehende Verfassungsnormen ändern sollen. Sie müssten damit zwangsläufig zumindest gegen diese zu ändernden Normen verstoßen. Daher bestimmt Art. 79 III GG, dass verfassungsändernde Gesetze allein an den Grundsätzen der Art. 1 **und** 20 GG[80] gemessen werden können. Diese sog. **Ewigkeitsklausel** setzt also auch dem verfassungsändernden Gesetzgeber verfassungsrechtliche Grenzen. Hält er sich nicht an diese, entsteht im Ergebnis „**verfassungswidriges Verfassungsrecht**". Der Einwand der Bundesregierung ist mithin unrichtig.

Bei dem Gesetz handelt es sich um ein **verfassungsänderndes Gesetz**. Dieses ist gemäß Art. 79 III GG allein an den Grundsätzen der Art. 1 **und** 20 GG zu messen. Zu prüfen ist demnach, ob die Verlängerung der Wahlperiode auf acht Jahre gegen diese Grundsätze verstößt.

> **Merke**: Verfassungsändernde Gesetze sind allein an den Grundsätzen der Art. 1 **und** 20 GG zu messen. Dies folgt aus der sog. **Ewigkeitsklausel** des Art. 79 III GG.

In Betracht kommt hier ein Verstoß gegen das in Art. 20 GG niedergelegte **Demokratieprinzip**. Gemäß Art. 20 I GG ist die Bundesrepublik ein demokratischer Staat. Alle Staatsgewalt muss folglich vom Volke ausgehen, Art. 20 II GG.

---

[80] Es heißt Art. 1 **und** 20 GG und nicht Art. 1 bis 20 GG!!

Man spricht hier von **Volkssouveränität**. Konsequenz dieser Überlegungen ist es, dass sämtliche Äußerungen der Staatsgewalt ihren Ausgangspunkt im Willen des Volkes finden müssen. Es muss also eine **ununterbrochene Legitimationskette** vom Volk zu den staatlichen Organen bestehen.

Es genügt jedoch nicht, diese Kette einmalig herzustellen, vielmehr muss sie durch periodische Wahlen regelmäßig erneuert werden.[81] Nur so kann die grundsätzliche Übereinstimmung zwischen Volk und Volksvertretung gesichert werden und dem Willen des Volkes als dem ausschließlichen Träger der Staatsgewalt Geltung verschafft werden.[82]

Den Bundestagswahlen kommt insoweit besondere Bedeutung zu, als sie nach der Konzeption des GG für das Volk die einzig verfasste Möglichkeit darstellen, auf den Staatswillen unmittelbar Einfluss zu nehmen. Eine Verlängerung der Wahlperiode ist daher zwar grds. mit dem Demokratieprinzip vereinbar, muss jedoch diese Grundsätze beachten und darf vor allem **nicht die Gefahr einer zu starken Entfremdung** des Volkes vom Parlament hervorrufen.[83]

Die geplante Verlängerung der Wahlperiode auf acht Jahre erscheint unter diesen Gesichtspunkten als problematisch. Innerhalb von acht Jahren kann sich die Stimmung innerhalb des Volkes nicht nur unwesentlich verändern. Besondere, unvorhergesehene Ereignisse können in einem solchen Zeitraum dazu führen, dass die politischen Einstellungen der Entscheidungsträger nur noch in sehr geringem Maße das widerspiegeln, was auch die Mehrheit im Volke als richtig und notwendig ansieht. **Es besteht also die große Gefahr, dass sich der Volkswille sehr stark von dem des ge-**

---

[81] Vgl. BVerfGE 18, 154.

[82] Vgl. *Maurer*, JuS 1983, 45 (47) mit einem Fall zur Verlängerung der Wahlperiode.

[83] Stets unzulässig wäre eine Verlängerung der laufenden Wahlperiode. Dies würde gegen den Grundsatz verstoßen, wonach dem Parlament die Ausübung der Volkssouveränität nur für eine begrenzte Zeit übertragen wurde. Eine eigenmächtige Verlängerung dieser Zeitspanne durch das Parlament käme daher nicht in Frage.

42

wählten Parlaments und damit auch von dem der vom Parlament gestützten Regierung **unterscheidet.** Andererseits muss gewährleistet sein, dass das Parlament und die unterstützte Regierung funktionsfähig bleibt und notwendige Gesetze und Reformen verabschieden kann, ohne ständig durch Neuwahlen unterbrochen zu werden. Es ist in einer Demokratie also ebenso erforderlich, dass eine Regierung die Möglichkeit erhält, ihre Ideen durchzusetzen; verhindert werden muss einzig und allein, dass der Zeitraum zwischen zwei Wahlen so groß wird, dass von einer wirklichen Volkssouveränität nicht mehr gesprochen werden kann.

In Anbetracht dieser Überlegungen wird man die Wahlperiode wohl nicht auf unter vier Jahre verkürzen können. Ebenso auszuscheiden hat aber eine Verlängerung auf mehr als fünf oder sechs Jahre. Die geplante Verlängerung auf acht Jahre ist damit als ein **Verstoß gegen das Demokratieprinzip** des Art. 20 GG anzusehen.

III. Ergebnis

Das Gesetz ist formell verfassungsgemäß, verstößt indes materiell gegen das Demokratieprinzip des GG und ist damit als **nichtig** anzusehen.

> **Merke**: Nach ganz überwiegender Auffassung hebt das BVerfG verfassungswidrige Gesetze nicht auf, sondern stellt deren Nichtigkeit allein deklaratorisch fest. Das entsprechende Gesetz ist also ex tunc und ipso iure rechtsunwirksam. Siehe hierzu, auch zu den Ausnahmen, *Schlaich/Korioth*, Das Bundesverfassungsgericht Rn 378 ff.

C. Gesamtergebnis

Eine abstrakte Normenkontrolle der Landesregierung wäre zulässig und auch begründet und hätte damit Aussicht auf Erfolg. Es ist der Landesregierung daher zu raten, ein solches Verfahren einzuleiten.

> **Merke**: Das juristische Gutachten muss stets mit einem Gesamtergebnis abschließen. Zu beachten ist dabei die korrekte Gliederungsebene.

VERTIEFUNG ZU FALL 1: DAS DEMOKRATIEPRINZIP[84]

Exkurs: Die verfassungsrechtlichen Grundentscheidungen

Bevor ausführlich auf das Demokratieprinzip eingegangen wird, soll kurz die Bedeutung der verfassungsrechtlichen Grundentscheidungen – zu denen das Demokratieprinzip gehört – für die Fallbearbeitung verdeutlicht werden. Dies wichtigsten Grundentscheidungen sind:

Demokratieprinzip	**Rechtsstaatsprinzip**
Bundesstaatsprinzip	**Republikprinzip**
Sozialstaatsprinzip	

Sie bilden das „Fundament, auf dem das staatliche Gebäude errichtet" ist.[85] Die Bundesrepublik wäre damit nicht mehr dieselbe, wenn die eine oder andere Grundentscheidung aufgehoben werden würde.[86] Über Art. 79 III GG, die sogenannte **Ewigkeitsklausel**, sind sie daher auch in ihren Kernbeständen unveränderlich, könnten also selbst durch eine förmliche Verfassungsänderung nicht abgeschafft werden.[87] Zudem folgt aus der Ewigkeitsklausel, dass auch sonstige Verfassungsänderungen gemäß Art. 79 III GG an den Grundsätzen der Art. 1[88] **und** 20 GG zu messen sind und im Falle eines Verstoßes unwirksam sind. Man spricht hier von sogenanntem „verfassungswidrigem Verfassungsrecht".[89] In den auf Art. 20 GG folgenden Normen werden die genannten Grundentscheidungen im Einzelnen näher konkretisiert. Diese Kenntnis ist wichtig für die **Auslegung der einzelnen grundgesetzlichen Bestimmungen:** Diese darf nicht zu einer Rechtsfolge führen, die mit den Kernbereichen der Grundentscheidungen nicht im Einklang steht. Oftmals wird es auch im

---

[84] *Hobe*, Das Demokratieprinzip, JA 1995, 43; *von. Armin*, Wählen wir unsere Abgeordneten unmittelbar, JZ 2002, 578; *Ipsen*, Wahlrecht im Umbruch, JZ 2002, 469; *Dreier*, Das Demokratieprinzip des Grundgesetzes, Jura 1997, 249. Ausführlich auch *Hain*, Die Grundsätze des Grundgesetzes, S. 325 ff. **Leitentscheidungen:** BVerfGE 8, 104 (Volksbefragung); E 83, 37 (Ausländerwahlrecht); E 95, 335 (Überhangmandate); E 95, 408 (Grundmandatklausel); BVerfG NVwZ 2002, 851 (Grenzen der Satzungsgewalt).

[85] *Maurer*, Staatsrecht I, § 6 Rn 1.

[86] Abzugrenzen sind die verfassungsrechtlichen Grundentscheidungen insbesondere von den Staatszielbestimmungen (etwa Umweltschutz, Tierschutz, Art. 20a GG), den Grundrechten (etwa Art. 2, 12, 14 GG) sowie den Gesetzgebungsaufträgen, vgl. *Maurer*, Staatsrecht I § 6 Rn 9 ff.

[87] Ausführlich zu Art. 79 III GG siehe *Hain*, Die Grundsätze des Grundgesetzes, Baden-Baden 1998.

[88] Auf den Gehalt der Menschenwürde des Art. 1 GG wird an dieser Stelle nicht näher eingegangen.

[89] Das auch Art. 79 III GG jedenfalls vom verfassungsändernden Gesetzgeber nicht abgeändert werden darf, ist nahezu unumstritten. Siehe hierzu auch *Hain*, Die Grundsätze des Grundgesetzes, S. 67 ff.

Rahmen von staatsrechtlichen Klausuren um Konstellationen gehen, die nicht ausdrücklich im Grundgesetz geregelt sind. In diesen Fällen stehen häufig zwei oder mehr Grundentscheidungen im Konflikt miteinander. Eine Lösung des Problems muss diese Kollision erkennen und versuchen, einen Ausgleich der widerstreitenden Prinzipien im Wege der **praktischen Konkordanz** zu erzielen. Die möglichst umfassende Kenntnis der Inhalte der verfassungsrechtlichen Grundentscheidungen kann daher kaum zu hoch eingeschätzt werden. Nur sie ermöglicht eine juristischen Anforderungen genügende Behandlung unbekannter staatsrechtlicher Konstellationen.[90] Im Rahmen dieser Fallsammlung werden die wichtigsten dieser Grundentscheidungen daher im Rahmen der Vertiefungsteile zu den einzelnen Fällen dargestellt.[91]

Ende Exkurs

1. Allgemein zum Demokratieprinzip

Gemäß Art. 20 I GG ist die Bundesrepublik ein **demokratischer** Staat. Alle Staatsgewalt muss mithin vom Volke ausgehen (Art. 20 II GG), das Volk[92] soll sein eigener Herr sein.[93] In einer Aristokratie dagegen liegt die Staatsgewalt in der Hand einer Elite, in einer Monarchie gar in der Hand einer einzelnen Person.

Demokratie bedeutet Volksherrschaft: Regierung des Volkes durch das Volk und für das Volk (Volkssouveränität).

Unterscheiden lassen sich grds. die **unmittelbare** und die **mittelbare Demokratie**. In der unmittelbaren Demokratie trifft das Volk selbst sämtliche Sachentscheidungen. Der Vorteil liegt hier insbesondere in der Beteiligung sämtlicher Staatsbürger an der Willensbildung. Diese Form stößt jedoch bei größeren Staatsgebieten schnell an seine Grenzen. Praktiziert wird daher regelmäßig eine mittelbare Demokratie, bei der das Volk seine Staatsgewalt in regelmäßigen Wahlen ausübt, bei denen es für einen bestimmten Zeitraum seine Vertreter (=Abgeordneten) wählt. Auch das GG verwirklicht eine relativ strenge mittelbare (oder auch repräsentative) Demokratie. Zu beachten ist jedoch, dass das Volk weiterhin Träger der Staatsgewalt bleibt, auch wenn es sich bei ihrer Ausübung besonderer Organe der Legislative, Exekutive und Judikative bedient.[94] Das GG steht

---

[90] Zur Prüfung in einer Klausur siehe auch *Schwerdtfeger*, Öffentliches Recht in der Fallbearbeitung, 12. Auflage Rn 596-606.

[91] Fall 1 (Demokratieprinzip); Fall 3 (Bundesstaatsprinzip); Fall 9 (Rechtsstaatsprinzip).

[92] Gemeint ist im GG mit Volk die Summe der deutschen Staatsangehörigen. Siehe auch Art. 116 GG.

[93] *Stein/Frank,* Staatsrecht, 18. Auflage, S. 53. Man spricht insoweit auch von Volkssouveränität. Siehe auch *Kirchhof*, NJW 2001, 1332.

[94] *Stein/Frank*, Staatsrecht, 18. Auflage, S. 54.

einer Einführung weiterer plebiszitärer Elemente grds. nicht entgegen. Es ist jedoch umstritten, ob diese allein im Wege einer Verfassungsänderung möglich ist oder ob hierfür ein einfaches Gesetz ausreichen würde.[95] Der verfassungsändernde Gesetzgeber kann über Änderungen des Grundgesetzes den **Kernbereich** des in Art. 20 GG niedergelegten Demokratieprinzips nicht verändern.[96] Insbesondere für Klausurbearbeitungen ist es daher entscheidend, die wesentlichen Inhalte dieses Kernbereiches zu kennen (2). Der Randbereich steht hingegen einer Ausgestaltung durch den Gesetzgeber offen (3).

2. Inhalte des Kernbereichs

a) Willensbildung vom Volk zu den einzelnen Staatsorganen

Wie bereits festgestellt, verlangt das Demokratieprinzip, dass die gesamte Staatsgewalt vom Volke ausgeht. Auch nach der Wahl darf sich hieran nichts ändern. Sämtliche Äußerungen der Staatsgewalt müssen demnach ihren Ausgangspunkt im Willen des Volkes haben und dementsprechend durch diesen Volkswillen begründet und gerechtfertigt sein.[97] Das BVerfG spricht in diesem Zusammenhang von dem Erfordernis einer **ununterbrochenen Legitimationskette** vom Volk zu den staatlichen Organen.[98]

Beispiel: Das Volk legitimiert den Bundestag, der Bundestag den Kanzler, dieser die einzelnen Minister, diese wiederum ernennen die einzelnen Mitarbeiter im Ministerium.

Unter diesem Aspekt wird auch die Regelung des Art. 69 II GG erklärlich, wonach das Amt des Bundeskanzlers mit der Auflösung des Bundestages, das Amt eines Bundesministers zusätzlich auch bei jeder Erledigung des Amtes des Bundeskanzlers endet: Ansonsten wäre die Legitimationskette zum Volk „zerrissen".

b) Mehrheitsprinzip[99]

In einem Staatswesen müssen zwangsläufig Entscheidungen getroffen werden. Nach oftmals mühsamen Verhandlungen muss eine Lösung gefunden werden, die nach Möglichkeit von der Bevölkerung akzeptiert wird. Eine völlige Akzeptanz wird es indes nur bei einer einstimmigen Entscheidung geben können. Zu einer solchen wird es in einer pluralistischen Gesellschaft jedoch nur sehr selten, wenn nicht gar überhaupt nicht kommen.

---

[95] *Degenhart*, Staatsrecht I Rn 43, 62.
[96] Zu den Gründen siehe bereits oben: Stichwort: „**Ewigkeitsklausel**".
[97] *Katz*, Staatsrecht, 16. Auflage Rn 139; *Maurer*, Staatsrecht I, § 7 Rn 20.
[98] Siehe etwa BVerfGE 83, 72.
[99] BVerfGE 29, 165. Insgesamt zum Mehrheitsprinzip *Heun*, Das Mehrheitsprinzip in der Demokratie, Berlin 1983; *Badura* Staatsrecht, 3. Auflage 2003, D Rn 8.

Zu komplex sind die Fälle, zu unterschiedlich die vertretenen Interessen, zu groß die Zahl der beteiligten Personen. Das Einstimmigkeitsprinzip verhindert damit letztlich das Fällen notwendiger Entscheidungen. Deshalb greift hier das **Mehrheitsprinzip**: Wenn schon Entscheidungen getroffen werden müssen, dann jedenfalls durch die Mehrheit, da diese im Zweifel auf mehr Akzeptanz in der Bevölkerung trifft. Das heißt nicht, dass es nicht auch falsche Mehrheitsentscheidungen geben kann. Dennoch ist das Mehrheitsprinzip im Ergebnis besser als das Erfordernis der Einstimmigkeit, da in diesen Fällen der jeweiligen Minderheit eine Art Vetorecht zukäme: sie könnte eine Entscheidung ja jederzeit blockieren. Zu beachten ist jedoch, dass auch und gerade bei Geltung des Mehrheitsprinzips ausreichender **Minderheitenschutz** gewährleistet werden muss.

c) Periodische Wahlen

Das Demokratieprinzip verlangt in seinem Kernbereich ferner Wahlen, die periodisch in nicht zu großen Abständen wiederkehren.[100] Dies ist Folge der bereits dargestellten Überlegung, dass das Volk auch in einer mittelbaren Demokratie Träger der Staatsgewalt bleibt. Es überträgt allein die Ausübung dieser Staatsgewalt für einen vorhersehbaren Zeitraum auf die einzelnen Abgeordneten. Ein zu langer Zeitraum zwischen zwei Wahlen wäre mit diesem Prinzip nicht vereinbar. Wo allerdings die verfassungsrechtliche Grenze liegt, ist nicht ganz eindeutig.[101]

d) Wahlgrundsätze

Die Wahlen müssen den in Art. 38 I niedergelegten Wahlgrundsätzen genügen. Sie müssen also frei, gleich, allgemein, unmittelbar und geheim sein.[102] Zu beachten ist, dass die Wahlgrundsätze nicht nur den Wahlvorgang selbst betreffen, sondern für den gesamten Wahlvorgang Geltung beanspruchen.[103]

---

[100] BVerfGE 18, 154.

[101] Sieben Jahre sind wohl bereits zu lang, während fünf Jahre nach überwiegender Auffassung zulässig wären. Fraglich ist, ob dies auch für eine Verlängerung auf sechs Jahre gilt.

[102] Zu den einzelnen Wahlgrundsätzen siehe im Fall 6 mit Vertiefung.

[103] *Roth*, in: Umbach/Clemens, Mitarbeiterkommentar Bd. II, Art. 38 Rn 37. Sie gelten also auch für die Aufstellung der Kandidatenlisten.

e) Wesentlichkeitstheorie[104]

In der Legitimationskette ist das Parlament das **einzige direkt legitimie-rte Organ**. Daraus folgt, dass das Parlament alle für das Gemeinwesen wesentlichen Entscheidungen selbst treffen muss und diese nicht an andere Organe (etwa die Bundesregierung über Art. 80 GG) delegieren kann.[105] Man spricht hier von der sogenannten **Wesentlichkeits-theorie**.[106] Die Frage, was im Einzelnen als wesentlich anzusehen ist, ist jedoch nicht immer ganz eindeutig zu beantworten. Die Tatsache allein, dass eine Angelegenheit politisch (höchst) umstritten ist, genügt hierfür nach Ansicht des BVerfG noch nicht. Konsequenterweise hat es einen solchen **Parlamentsvorbehalt** für die Rechtschreibreform abgelehnt.[107] Es gibt insoweit **keinen Gewaltmonismus** im Sinne eines allumfassen-den Vorrangs des Parlaments bei grundlegenden Entscheidungen.[108] Kommen jedoch Grundrechte ins Spiel, spricht dies für eine Wesentlich-keit. So verlangte das BVerfG für die Einführung von Sexualkundeunter-richt wegen der Frage der Beeinträchtigung des elterlichen Erziehungs-rechts (vgl. Art. 6 GG) ein formelles Gesetz.[109]

f) „Grund-Grundrechte"[110]

Zum Demokratieprinzip gehört auch die Gewährleistung gewisser „**Grund-Grundrechte**"[111] Hierzu gehören insbesondere die Meinungs-und Pressefreiheit (Art. 5 I GG) sowie die Versammlungs- und Vereini-gungsfreiheit (Art. 8, 9 III GG). Das BVerfG bezeichnet sie als schlechthin konstituierend für die freiheitlich-demokratische Grundordnung.

g) Gründungsfreiheit für Parteien/Mehrparteiensystem

Parteien sind in einer repräsentativen Demokratie von großer Wichtigkeit. Sie bündeln die Interessen der unterschiedlichen Bevölkerungsgruppen und führen diese Auffassungen in den politischen Prozess ein.

---

[104] Siehe hierzu auch BVerfG NVwZ 2002, 851 (Grenzen der Satzungsgewalt).
[105] Zu diesem Gedanken siehe *Hain*, Die Grundsätze des Grundgesetzes, S. 333 f.
[106] Vgl. BVerfGE 41, 78.
[107] Die Rechtschreibreform wurde von den Kultusministern der Länder auf der Kultusministerkonferenz „verbrochen". Siehe BVerfGE 98, 218.
[108] BVerfGE 49, 124.
[109] BVerfGE 47, 46 (Sexualkunde).
[110] Zu den Grundrechten siehe *Ipsen*, Staatsrecht II, *Mannsen*, Staatsrecht II, *Epping*, Grundrechte; *Schmidt*, Grundrechte; *Pieroth/Schlink*, Grundrechte.
[111] BVerfGE 7, 119.

48

Das BVerfG bezeichnet sie als **verfassungsrechtliche Institutionen**,[112] das GG anerkennt sie ausdrücklich in Art. 21 GG. Die Gründung solcher Parteien muss im Grundsatz jedem offen stehen. In engem Zusammenhang hierzu steht auch das verfassungsrechtliche Prinzip der Chancengleichheit der Parteien.

Nicht vereinbar mit dem Demokratieprinzip wäre aus diesem Grund auch ein Einparteiensystem. Es muss vielmehr stets ein gewisser Meinungspluralismus gewährleistet sein, was grds. nur in einem Mehrparteiensystem möglich ist.

h) Recht auf Opposition

Meinungspluralismus bedeutet zugleich ein Recht auf Opposition. Eine solche muss sich bilden können, ohne dass sie bei der Wahrnehmung ihrer Aufgaben befürchten muss, mit Repressalien belegt zu werden.

3. Randbereich

Wie bereits erwähnt, ist der Randbereich des Demokratieprinzips einer Ausgestaltung durch den (verfassungsändernden) Gesetzgeber zugänglich. Hierunter fallen unter anderem die folgenden Einzelaspekte.

a) Repräsentative Demokratie

Auf den Unterschied zwischen repräsentativer und unmittelbarer Demokratie wurde bereits hingewiesen. Das GG entscheidet sich im Grundsatz für eine repräsentative Demokratie. Nicht ausgeschlossen wäre es jedoch, weitere plebiszitäre Elemente auf Bundesebene einzuführen. Dies folgt letztlich aus Art. 20 II 2 GG, der von **Wahlen und Abstimmungen** spricht. Nach ganz überwiegender Auffassung ist hierfür jedoch eine **Verfassungsänderung** erforderlich, eine Einführung durch einfaches Gesetz mithin unzulässig.[113] Als Begründung für diesen Verfassungsvorbehalt wird insbesondere angeführt, dass Volksabstimmungen zwangsläufig Einfluss auf die Kompetenzen der Bundesorgane haben und solche Regelungen wegen ihrer Bedeutung und Qualität daher auf verfassungsrechtlicher Ebene erfolgen müssen. Ihre Einführung oder auch Abschaffung sollte nicht dem Zugriff der jeweiligen Mehrheit im Bundestag ausgesetzt sein.[114]

---

[112] Werden Parteien durch staatliches Handeln in ihrem verfassungsrechtlichen Status aus Art. 21 GG betroffen, können sie daher im Wege des Organstreits gegen das handelnde Organ vorgehen.

[113] Siehe nur *Maurer*, Staatsrecht I, 3. Auflage, § 7 Rn 35; *Hain*, Die Grundsätze des Grundgesetzes, S. 333.

[114] *Maurer*, Staatsrecht I, 3. Auflage, § 7 Rn 33; *Sachs*, in: ders. GG-Kommentar, Art. 20 GG Rn 31. Andere Ansicht *Kisker/Höfling*, Fälle zum Staatsorganisationsrecht, Fall 15 (S. 171 f.); *Frotscher/Faber*, JuS 1998, 820.

b) Ausgestaltung des Wahlrechts

Die Ausgestaltung des Wahlrechts obliegt gemäß Art. 38 GG dem Gesetzgeber. Das gegenwärtige Wahlsystem wird als **personalisiertes Verhältniswahlrecht** bezeichnet.[115] Es ist in seinem Kern ein Verhältniswahlrecht, das dadurch gekennzeichnet ist, dass das gesamte Wahlgebiet einen einzigen Wahlkreis bildet. Demgegenüber stünde es dem Gesetzgeber frei auch ein Mehrheitswahlrecht einzuführen.[116] Dieses ist dadurch gekennzeichnet, dass das Wahlgebiet in so viele Wahlkreise eingeteilt ist, wie Abgeordnetenplätze zu vergeben sind. Privilegiert werden hierdurch die großen Parteien, die sich in der Regel in den einzelnen Wahlkreisen durchsetzen können. Folge ist die Ausbildung eines klassischen Zwei-Parteien-Systems mit oftmals sehr klaren Mehrheiten.[117]

c) Ausgestaltung des parlamentarischen Regierungssystems

Einer Änderung zugänglich wäre auch die konkrete Ausgestaltung des parlamentarischen Regierungssystems, wie etwa die Zusammensetzung der Bundesregierung oder die Art und Weise der Willensbildung innerhalb dieser. Auch die Stellung des Bundespräsidenten könnte modifiziert werden. Denkbar wäre auch, dieses Amt gänzlich abzuschaffen und die Aufgaben dem Bundeskanzler zu übertragen.

---

[115] Siehe auch die Vertiefung zu Fall 6.
[116] Ein solches besteht etwa in England.
[117] Siehe erneut England mit den *Tories* und *Labour*.

50

Das Land Niedersachsen plant eine Reform des Niedersächsischen Kommunalwahlgesetzes (NKWahlG). Wahlbe-
rechtigt bei Kommunalwahlen sollen danach nicht mehr nur
Deutsche im Sinne des Art. 116 I GG, sondern auch Staatsangehörige anderer Staaten sein. Voraussetzung ist lediglich, dass diese Personen seit mindestens drei Monaten
ihren Wohnsitz rechtmäßig in einer niedersächsischen Gemeinde gemeldet und das 18. Lebensjahr vollendet haben.
Nach heftigen Debatten im Niedersächsischen Landtag
möchte die Oppositionspartei wissen, ob die Regelung mit
dem Grundgesetz zu vereinbaren ist.

**1. Sie fragt Sie nach einem entsprechenden Rechts-
gutachten.**

**2. Wie könnte die Opposition im Landtag gegen das
Gesetz gerichtlich vorgehen?**

Fall angelehnt an BVerfGE 83, 37 ff. Siehe zur Frage der Partizipation von
Unionsbürgern auch *Burgholz*, DÖV 1995, 816 ff. **Hinweis**: Gehen Sie bei
Frage 2 davon aus, dass ein Verfahren vor dem Landesverfassungsge-
richt nicht in Betracht kommt.

LÖSUNG FALL 2: PROBLEME MIT DEM VOLK

Vorüberlegung: Vorliegend sind dem Bearbeiter zwei Fragen gestellt. In einem solchen Fall sollten die Fragen grds. in der **Reihenfolge** behandelt werden, die vom Klausurensteller vorgegeben wurde. In der Regel wird er sich dabei etwas gedacht haben. Hier ist damit Frage 1 vor der Frage 2 zu beantworten. Einfach die Zulässigkeit und Begründetheit einer Klage zu prüfen, wäre mithin nicht richtig! Bei der zweiten Frage handelt es sich gewissermaßen um eine prozessuale Zusatzfrage. Zu prüfen ist hier daher allein die Zulässigkeit einer Klage!

Zu Frage 1

Die Opposition möchte wissen, ob das geplante NKWahlG mit dem Grundgesetz vereinbar ist. Politisch spricht sicherlich vieles für die Möglichkeit, einer dauerhaft in Deutschland lebenden Gruppe ein Recht auf Mitsprache an den sie berührenden Entscheidungen einzuräumen.[118] Entscheidend ist jedoch, ob das GG eine solche Partizipationsmöglichkeit von Ausländern überhaupt gestattet. In Betracht kommt hier ein **Verstoß gegen das Demokratieprinzip** der Art. 20 I, 28 I GG.

A. Inhalt des Demokratieprinzips[119]

> **Tipp**: Muss im Rahmen einer Klausur geprüft werden, ob eine Bestimmung mit den verfassungsrechtlichen Grundentscheidungen vereinbar ist, empfiehlt es sich, zunächst den wesentlichen Inhalt der jeweiligen Grundentscheidung kurz darzulegen.

Gemäß Art. 20 I GG ist die Bundesrepublik ein demokratischer Staat. Alle Staatsgewalt muss damit gemäß Art. 20 II GG vom Volke ausgehen; das Volk soll stets sein eigener Herr sein. Dies gilt nach Art. 28 I GG auch für die Länder.

Demokratie bedeutet mithin **Volksherrschaft**: Regierung des Volkes durch das Volk und für das Volk. Jede Äußerung der Staatsgewalt muss sich demnach auf den Willen des

---

[118] *Schlink*, DVBl. 1988, 417 (418).
[119] Siehe hierzu auch den Vertiefungsteil zu Fall 1.

Staatsvolkes zurückführen lassen. Die Willensbildung innerhalb des Staates muss vom Volk zu den einzelnen Staatsorganen gehen und nicht umgekehrt. Erforderlich ist also eine **ununterbrochene Legitimationskette** vom **Volk** zu den staatlichen Organen, wobei diese Legitimation regelmäßig durch Wahlen bewirkt wird (vgl. Art. 20 II 2 GG). Wenn somit die gesamte Staatsgewalt vom Volke ausgehen muss, steht fest, dass neben dem Volk niemand anderes originärer Träger von Staatsgewalt sein darf. Diese liegt (vollumfänglich) allein beim Volk.

B. Zum Volksbegriff

Fraglich ist, ob sich die Änderung des NKWahlG mit diesen Grundsätzen vereinbaren lässt. Durch diese Regelung wird es unter bestimmten Voraussetzungen Ausländern ermöglicht, an der Willensbildung in der Bundesrepublik zu partizipieren. Damit wird der Volksbegriff des Art. 20 II, 28 I GG um diesen Personenkreis erweitert. Es stellt sich damit die Frage, ob der Begriff des Volkes einer solchen Erweiterung offen steht oder ob mit dem Begriff des Volkes zwingend allein das deutsche Staatsvolk gemeint ist.

> **Merke:** Bevor versucht wird, das Problem zu lösen, sollte man zunächst versuchen, das Problem in verständlicher Weise klarzustellen. Es muss insbesondere dem Korrektor klargemacht werden, was nunmehr vom Bearbeiter geprüft wird. Hier ist jetzt klar, dass es im Folgenden allein um die Auslegung des Begriffs „Volk" in Art. 20 II, 28 I GG gehen wird. Nur diese Frage ist für den Fall von Relevanz.

I. Historische Interpretation

> **Tipp:** Es ist durchaus angebracht, in Fällen, in denen es auf die Auslegung eines Begriffs ankommt, zu zeigen, dass man die klassischen Auslegungsmethoden beherrscht. Da in der Regel über die historischen Determinanten keine Aussagen gemacht werden können, kann diese Interpretationsform auch ausgespart werden. Siehe zu dieser Vorgehensweise *Butzer/ Epping*, Arbeitstechnik im öffentlichen Recht, S. 54 ff.

Historisch betrachtet besteht weitgehend Einigkeit, dass mit dem Begriff des Volkes, das „**deutsche Volk**" gemeint war. Begründen lässt sich dies damit, dass der Verfassungsgeber[120] an die europäische und deutsche Verfassungstradition anknüpfen wollte, bei der das Wahlrecht jeweils den eigenen Staatsbürgern vorbehalten wurde.[121] Insbesondere in der WRV fand sich eine solche Beschränkung.

Für eine solche Argumentation spricht zudem die 1968 eingeführte Regelung des Art. 20 IV GG, der das Widerstandsrecht allein den Deutschen zubilligt. Es wäre insoweit ein Widerspruch, das Wahlrecht der gesamten Wohnbevölkerung zuzubilligen, das Widerstandsrecht hingegen nur dem Teil, der die deutsche Staatsangehörigkeit besitzt.[122]

II. Systematische Erwägungen

Als systematische Erwägung lässt sich **Art. 33 I GG** anführen, der allein den Deutschen in jedem Land die gleichen staatsbürgerlichen Rechte und Pflichten einräumt. Mittelbar enthält diese Regelung auch eine Aussage über den Träger der staats-bürgerlichen Rechte im Bund. Wenn diese auf der Landes-ebene nur Deutschen verfassungskräftig verbürgt sind, wäre es widersinnig, die Teilhabe hieran auf Bundesebene auch den Ausländern zuzubilligen.[123] Zudem ist Art. 146 GG zu nennen, der das deutsche Volk zum Träger und Subjekt des Staates der Bundesrepublik erklärt.[124]

---

[120] Dies war der Parlamentarische Rat unter dem Vorsitz von *Konrad Adenauer*. Er hatte 65 Mitglieder, darunter indes nur vier Frauen. Verkündet wurde das GG am 23.5.1949, dem Verfassungstag. Mittlerweile ist es Tradition, dass die Wahl zum Bundespräsidenten an diesem Tag stattfindet (zuletzt am 23.5.2004; gewählt wurde *Horst Köhler*).

[121] So auch der Abgeordnete *Schmid* im Parlamentarischen Rat, der äußerte, dass das Volk die Summe der jeweils lebenden Deutschen sei.

[122] *Schlink*, DVBl. 1988, 417 (410) sowie *Quaritsch*, DÖV 1984, 4.

[123] Zu diesem Argument *Schlink*, DVBl. 1988, 417 (421).

[124] BVerfGE 83, 37 (51).

III. Teleologische Interpretation

Die Staatsgewalt wird vom Volke regelmäßig in Wahlen aus-geübt. Staatsvolk sind dabei die Menschen, die im Staat als politische Handlungs- und Wirkungseinheit zusammenge-schlossen sind und ihn tragen. **Das staatsrechtliche Band, durch das diese Zusammengehörigkeit begründet wird, ist die Staatsangehörigkeit.**[125] Der Staatsangehörige ist also Mitglied in diesem Verband von Personen und diese Mitgliedschaft ist auf Dauer angelegt. Dies unterscheidet ihn vom Ausländer, auch wenn dieser lange Zeit auf dem Gebiet der Bundesrepublik gelebt hat. In diesem Fall unterliegt er zwar der **Gebietshoheit** der Bundesrepublik, nicht jedoch der **Personalhoheit**. Letztere liegt weiterhin bei seinem Hei-matland.

Offensichtlich wird dies bei Pflichten, die allein den Mit-gliedern dieses Personalverbandes auferlegt werden könn-en (sog. Bürgerpflichten). Zu nennen sind etwa Wahlhelfer-aufgaben oder die Wehrpflicht. Generell kann sich der Aus-länder der ausgeübten Staatsgewalt jederzeit entziehen, in-dem er in sein Heimatland zurückkehrt. Eine solche Möglich-keit hat der Deutsche nicht. Ist demnach allein er zwingend dauerhaft der ausgeübten Staatsgewalt unterworfen, ist es nachvollziehbar, auch allein ihm die Befugnis zu gewähren, durch Wahlen die einzelnen Hoheitsträger zu legitimieren. Ansonsten könnte der Ausländer an der Statuierung von Pflichten mitwirken, die ihn letztlich überhaupt nicht treffen.
Weiterhin steht es diesen Ausländern frei, sich jederzeit in ihr Heimatland zu begeben. Sie sind dem Gastland wenn man so will „auf Gedeih", nicht jedoch „auf Verderb" ver-bunden. **Es gibt somit keine Schicksalsgemeinschaft zwischen Ausländern und Deutschen**, die eine Auswei-tung des Wahlrechts tragen könnte. An diesen Grundsätzen hat sich auch nichts durch die Tatsache geändert, dass die Zahl der Ausländer in den letzten Jahren erheblich zuge-nommen hat.[126] Verfassungsrechtlich lässt sich das Wahl-

---

[125] *Degenhart*, Staatsrecht I Rn 39.
[126] BVerfGE 83, 37 (52).

recht damit nicht auf Ausländer ausdehnen. Denkbar ist allein, dass der Gesetzgeber die Voraussetzungen vereinfacht, unter denen solche Personen die deutsche Staatsangehörigkeit erlangen können.[127]

IV. Geltung dieser Grundsätze auch für Art. 28 I GG

Diese Überlegungen, die an dieser Stelle für Art. 20 II GG angestellt wurden, müssten indes auch auf Art. 28 I GG zutreffen, der die Grundsätze beschreibt, die die Länder bei der Ausgestaltung ihrer Verfassung beachten müssen (**Homogenitätsgebot**). Die Norm bestimmt, dass die Grundentscheidungen der Verfassung für die Prinzipien der Volkssouveränität und der Demokratie sowie für ein demokratisches Wahlverfahren nicht nur auf Bundesebene gelten sollen, sondern auch in den Untergliederungen der Länder und Gemeinden.[128] Damit will Art. 28 I GG im Ergebnis die Einheitlichkeit der demokratischen Legitimationsgrundlage im Staatsaufbau sicherstellen.

Allerdings lässt sich das Argument der Unentrinnbarkeit hier nicht anführen, da sich Deutsche in diesem Fall ebenso wie Ausländer durch Wegzug in eine andere Gemeinde den kommunalen Entscheidungen entziehen können. Doch geht es bei der Kommunalverwaltung um die Wahrnehmung einer originär staatlichen Aufgabe, durch einen **Teil des Gesamtvolkes**. Damit bedarf es einer demokratischen Legitimation dieser Hoheitsträger durch das Staatsvolk, von dem die Staatsgewalt insgesamt ausgeht.[129] Ein Mitspracherecht der Ausländer würde das Mitentscheidungsrecht dieses Teilvolks verkürzen und damit im Ergebnis gegen das **verfassungsrechtliche Gebot der Egalität** verstoßen.[130] Damit ist festzuhalten, dass der Begriff „Volk" sowohl in Art. 20 II als auch in Art. 28 I GG allein das deutsche Volk erfasst.

---

[127] So der Vorschlag des BVerfG (aaO S. 52).
[128] BVerfGE 83, 37 (53).
[129] *Schlink*, DVBl. 1988, 417 (425).
[130] *Schlink*, aaO.

C. Ergebnis

Die geplante Regelung ist nicht mit dem GG vereinbar. Sie verstößt gegen das Demokratieprinzip, da der Begriff des Volkes zwingend nur deutsche Staatsangehörige umfasst.

> **Beachte**: Für **EU-Ausländer** besteht in Art. 28 I 3 GG eine Sonderregelung. Danach sind diese Personen nach Maßgabe des Rechts der Europäischen Union wahlberechtigt und wählbar. Diese Regelung wurde eingefügt, da **Art. 22 AEU** ein solches Kommunalwahlrecht an die Unionsbürgerschaft koppelt. Aufgrund des Vorrangs Unionsrechts musste daher diese Sonderregelung getroffen werden. Siehe zum Vorrang des Unionsrechts *Thiele*, Europarecht, § 6. Angesichts der Tatsache, dass die unionale Hoheitsgewalt im supranationalen Verbund der EU für alle Unionsbürger neben die rein staatliche Hoheitsgewalt getreten ist, wodurch auch die Gegenseitigkeit dieser Rechte gewährleistet wird, wird man darin wohl keinen Verstoß gegen Art. 20 GG sehen können. Zwischen diesen Bürgern besteht gewissermaßen eine „europäische Schicksalsgemeinschaft".

Zu Frage 2

Noch einmal zur Erinnerung: An dieser Stelle ist nur die Zulässigkeit einer möglichen Klage zu überprüfen. Die Begründetheit wurde ja bereits mit der ersten Frage quasi vorweggenommen... .

Die Opposition fragt nach einer Möglichkeit, gegen das geplante NKWahlG vorzugehen. In Betracht kommt eine **abstrakte Normenkontrolle** gemäß Art. 93 I Nr. 2 GG iVm § 13 Nr. 6, 76 ff. BVerfGG.

A. Zulässigkeit

Ein solches Verfahren müsste zulässig sein.

I. Antragsteller

Die Opposition im niedersächsischen Landtag müsste ein zulässiger Antragsteller sein. Antragsberechtigt sind gemäß

Art. 93 I Nr. 2 GG indes allein die Bundesregierung, eine Landesregierung oder ein Viertel der Mitglieder des Bundestages. Die Opposition fällt damit nicht hierunter. Eine abstrakte Normenkontrolle ist damit nicht zulässig.

II. Ergebnis

Eine abstrakte Normenkontrolle wäre unzulässig.

B. Ergebnis

Die Opposition kann nicht im Wege der abstrakten Normenkontrolle gegen das Gesetz vorgehen. Auch sonstige Verfahren kommen nicht in Betracht.

Hinweis: In der Praxis würde sich die Opposition an einen „befreundeten" Antragsberechtigten wenden, um auf diese Weise das Gesetz mittelbar angreifen zu können (etwa eine andere Landesregierung oder eine Fraktion im Bundestag).

FALL 3: ENGLISCH AB KLASSE 1

Die Bundesregierung ist der Ansicht, dass im Zeitalter der Globalisierung und der wachsenden Bedeutung Europas jedes Kind bereits ab der ersten Klasse die Fremdsprache Englisch lernen müsse. In einigen Bundesländern sehen die Lernpläne dies auch bereits vor. Mit großer Sorge muss die Bundesregierung jedoch feststellen, dass in einigen anderen Bundesländern Englisch erst ab der 5. Klasse unterrichtet wird. Da die Landesregierungen dieser Länder aufgrund der angespannten Haushaltslage zudem nicht bereit sind, in naher Zukunft zusätzliche Englischlehrer einzustellen, um einen Englischunterricht ab der ersten Klasse anzubieten, sieht sich die Bundesregierung zum Handeln gezwungen.

Sie bringt in den Deutschen Bundestag ein Gesetz ein, das für alle allgemeinbildenden Schulen in der Bundesrepublik Deutschland Englischunterricht ab der ersten Klasse verbindlich vorschreibt.

In den Ländern stößt der Gesetzentwurf der Bundesregierung allerdings auf Widerstand. Insbesondere die Landesregierung des Landes N ist der Auffassung, dass das geplante Gesetz verfassungswidrig sei, da dem Bund die Gesetzgebungskompetenz hierfür fehle. Die Bundesregierung vertritt hingegen die Auffassung, dass alle Schüler in Deutschland eine inhaltlich ähnliche Schulausbildung erhalten müssten. Würden sich die Lehrpläne der einzelnen Länder zu stark auseinander entwickeln, wie dies beim Englischunterricht der Fall sei, dann sei es zweckmäßig und verstehe sich von selbst, dass der Bund durch seine Gesetzgebung die Einheitlichkeit der Schulausbildung wiederherstelle. Eine Gesetzgebungskompetenz des Bundes sei daher unzweifelhaft gegeben.

Die Landesregierung des Landes N teilt diese Auffassung jedoch nicht und möchte noch bevor der Bundestag über das Gesetz beschließt, dieses vor dem Bundesverfassungsgericht angreifen. Sie gibt daher ein Gutachten in Auftrag, in dem zunächst die Verfassungsmäßigkeit des geplanten Gesetzes und anschließend die prozessualen Möglichkeiten der Landesregierung geklärt werden sollen.

Aufgabe: Fertigen Sie ein entsprechendes Gutachten an.

Lösung Fall 3: Englisch ab Klasse 1

Vorüberlegung: Achten Sie auf die Aufgabenstellung! Gefragt ist hier zunächst nach der Verfassungsmäßigkeit des Gesetzentwurfes und erst anschließend nach den prozessualen Möglichkeiten der Landesregierung. Nehmen Sie dann auch zu den aufgeworfenen Fragen in dieser Reihenfolge gutachterlich Stellung. Meist wird sich der Aufgabensteller nicht ohne Grund auf eine bestimmte Reihenfolge festgelegt haben.

Teil 1: Verfassungsmäßigkeit des geplanten Gesetzes

Die Verfassungsmäßigkeit ist zu bejahen, wenn das Gesetz formell und materiell im Einklang mit den Vorschriften des Grundgesetzes steht.

Zur Wiederholung: Die Prüfung eines Gesetzes bzw. hier eines Gesetzentwurfs auf seine Verfassungsmäßigkeit gliedert sich in zwei Teile: die Überprüfung der formellen Verfassungsmäßigkeit (Zuständigkeit, Verfahren, Form) und die Überprüfung der materiellen Verfassungsmäßigkeit.

A. Formelle Verfassungsmäßigkeit

Das Gesetz müsste zunächst formell verfassungsgemäß sein.

I. Zuständigkeit

Die formelle Verfassungsmäßigkeit eines Bundesgesetzes setzt zunächst voraus, dass der Bund auch über eine **Gesetzgebungskompetenz** hinsichtlich der im Gesetz geregelten Materie verfügt. Nicht die Länder, sondern der Bund müsste also nach dem Grundgesetz dafür zuständig sein, ein entsprechendes Gesetz zu erlassen.

> **Hinweis**: Die Begriffe Gesetzgebungskompetenz, Gesetzgebungszuständigkeit und Zuständigkeit werden synonym verwendet. Lassen Sie sich also durch die unterschiedliche Begriffswahl nicht irritieren.

Nach **Art. 70 I GG**, der **Grundsatzregel für die Verteilung der Kompetenzen im Bereich der Gesetzgebung**, sind zunächst einmal die Länder für den Erlass von Gesetzen zuständig.

Der Bund besitzt die Gesetzgebungskompetenz nur dann, wenn sie ihm durch das Grundgesetz zugewiesen ist.[131] Entsprechende Zuweisungen finden sich insbesondere in den Art. 71 bis 74 GG. Dort sind die Fallgruppen der **ausschließlichen Gesetzgebungskompetenz** (Art. 71, 73 I GG) sowie der **konkurrierenden Gesetzgebungskompetenz** des Bundes ohne und mit Abweichungsrecht der Länder (Art. 72 I, II, 74 I GG bzw. Art. 72 I, III, 74 I GG) geregelt. Darüber hinaus finden sich aber auch an einigen anderen Stellen im Grundgesetz Vorschriften, die dem Bund ausschließliche Gesetzgebungskompetenzen übertragen (z.B. Art. 21 III GG). Neben diesen dem Bund ausdrücklich zugewiesenen (geschriebenen) Gesetzgebungszuständigkeiten sind des Weiteren noch die *ungeschriebenen Gesetzgebungskompetenzen* des Bundes (**Kompetenz kraft Sachzusammenhangs**, **Annexkompetenz** und **Kompetenz kraft Natur der Sache**) zu berücksichtigen.[132]

Merke: Die Gesetzgebungskompetenz des Bundes wird zumindest gedanklich daher wie folgt geprüft:[133]

1. Ausgangspunkt: Art. 70 I GG.

2. Ausschließliche Gesetzgebungszuständigkeit des Bundes?
- a) Betrifft das Gesetz eine der in Art. 73 I GG aufgelisteten Materien?
- b) Ergibt sich die Zuständigkeit aus einer Vorschrift an anderer Stelle im GG, z.B. Art. 21 III GG?

➔ Falls a) oder b) (+), besteht die Gesetzgebungszuständigkeit des Bundes. Falls a) und b) (-), muss die Prüfung bei Punkt (3) fortgesetzt werden.

3. Konkurrierende Gesetzgebungszuständigkeit des Bundes?
- a) Betrifft das Gesetz eine der in Art. 74 I angesprochenen Sachmaterien?
- b) Sofern Art. 72 II GG einschlägig ist **(dies ist nur ausnahmsweise der Fall!)**: Ist das Gesetz zur Herstellung gleichwertiger

---

[131] Art. 70 I GG konkretisiert insofern den Art. 30 I GG. Siehe auch *Hebeler*, JA 2010, 688 ff.
[132] Siehe zu diesen, *Ipsen*, Staatsrecht I Rn 579 ff.
[133] Zu den Änderungen durch die Föderalismusreform siehe *Thiele*, JA 2006, 714 sowie *Hebeler*, JA 2010, 688.

Lebensverhältnisse im Bundesgebiet, zur Wahrung der Rechtseinheit oder zur Wahrung der Wirtschaftseinheit erforderlich?

➔Falls a) und b)[134] (+), besteht die Zuständigkeit des Bundes. Falls a) und/oder b) (-) ist die Prüfung bei Punkt (4) fortzusetzen.

4. Ungeschriebene Gesetzgebungskompetenz des Bundes?
    a)   Kompetenz kraft Sachzusammenhangs?
    b)   Annexkompetenz?
    c)   Kompetenz kraft Natur der Sache?
➔ Falls a) oder b) oder c) (+) besteht die Zuständigkeit des Bundes. Ansonsten ist das Gesetz mangels der Gesetzgebungszuständigkeit des Bundes formell verfassungswidrig.

Das Gesetz führt an den allgemeinbildenden Schulen in Deutschland verbindlich ab der ersten Klasse den Englischunterricht ein. Der Inhalt des Gesetzes betrifft somit die Sachmaterie Schulrecht. Somit müsste dem Bund auch vom Grundgesetz die Gesetzgebungszuständigkeit für das Schulrecht zugewiesen sein.

1. Zu den in erster Linie in Art. 73 I GG aufgezählten Gegenständen der **ausschließlichen Gesetzgebung** des Bundes zählt die Sachmaterie Schulrecht allerdings nicht. Auch an anderer Stelle im Grundgesetz ist dem Bund nicht die ausschließliche Gesetzgebungskompetenz für das Schulrecht zugewiesen.

2. Das Gesetz betrifft auch keine der in Art. 74 I GG aufgezählten Sachmaterien der **konkurrierenden Gesetzgebung** des Bundes. Insbesondere ist auch nicht Art. 74 I Nr. 13 Alt. 2 GG (Förderung der wissenschaftlichen Forschung) einschlägig, da an allgemeinbildenden Schulen keine wissenschaftliche Forschung betrieben wird.

4. Möglicherweise ist aber ausnahmsweise eine **ungeschriebene Gesetzgebungszuständigkeit** des Bundes zu bejahen. Wie bereits erwähnt, sind drei Arten ungeschriebener Gesetzgebungskompetenzen zu unterscheiden: die

---

[134] Sofern Art. 72 II GG einschlägig ist!

Kompetenz kraft Sachzusammenhangs, die Annexkompetenz und die Kompetenz kraft Natur der Sache.

Die „in die Breite gehende" **Kompetenz kraft Sachzusammenhangs** und die in die „in die Tiefe gehende" **Annexkompetenz** knüpfen jeweils an eine ausdrücklich dem Bund zugewiesenen Materie an.[135] Eine entsprechende positive Kompetenzzuweisung fehlt jedoch in diesem Fall, so dass sich der Bund von vornherein nicht auf eine Kompetenz kraft Sachzusammenhangs bzw. auf eine Annexkompetenz stützen kann.

In Frage kommt daher nur eine **Kompetenz kraft Natur der Sache**. Eine Kompetenz kraft Natur der Sache besteht, wenn eine Materie begriffsnotwendig nur durch ein Bundesgesetz geregelt werden kann. Es muss sich um Sachgebiete handeln, die ihrer Natur nach ureigenste, der partikularen Gesetzgebungszuständigkeit a priori entrückte Angelegenheiten des Bundes darstellen und daher nur vom Bund geregelt werden können.[136] Fälle einer Bundeszuständigkeit kraft Natur der Sache müssen daher mit den Fallgruppen des Art. 73 I GG vergleichbar sein.[137]

In diesem Fall macht der Bund geltend, dass alle Schüler in Deutschland eine inhaltlich ähnliche Schulausbildung erhalten müssten. Es verstehe sich daher von selbst, dass diese nur durch ein Bundesgesetz zweckmäßig gewährleistet werden könne. Hinter diesen Erwägungen der Bundesregierung steht letztlich der Gedanke einer Kompetenz kraft Natur der Sache.

Indes ist eine gewisse Heterogenität der Lehrpläne und auch der Schulausbildung zwischen den Ländern gerade die Konsequenz der verfassungsrechtlichen Grundentscheidung des GG für den Bundesstaat und der Gliederung des Bundes in Länder mit jeweils eigener Kultushoheit.

---

[135] Vgl. *Degenhart*, Staatsrecht I Rn 136.
[136] Vgl. BVerfGE 11, 89, 99.
[137] *Degenhart*, Staatsrecht I Rn 134.

Sofern der Grundsatz der Bundestreue[138] eine **gewisse Homogenität der Schulausbildung** verlangt, kann diese zudem durch eine Selbstkoordination der Länder realisiert werden.[139] Die Zweckmäßigkeit einer bundeseinheitlichen Regelung begründet hingegen gerade noch keine Bundeszuständigkeit kraft Natur der Sache.[140] Daher ist in diesem Fall auch keine Bundeskompetenz kraft Natur der Sache gegeben.

Da sich der Bund weder auf die im GG ausdrücklich genannten noch auf ungeschriebene Gesetzgebungszuständigkeiten stützen kann, fehlt ihm für das Gesetz, durch das bundesweit der Englischunterricht ab Klasse 1 eingeführt werden soll, die Gesetzgebungskompetenz.

II. Ergebnis formelle Verfassungsmäßigkeit

Aufgrund der fehlenden Gesetzgebungskompetenz ist das Gesetz formell verfassungswidrig. Verfahrens- oder Formfehler sind hingegen nicht ersichtlich.

B. Materielle Verfassungsmäßigkeit

Ein Verstoß gegen materielles Verfassungsrecht ist nicht ersichtlich.

C. Ergebnis Teil 1

Mangels einer Gesetzgebungskompetenz des Bundes ist das Gesetzesvorhaben der Bundesregierung (formell) verfassungswidrig.

---

[138] Zum Grundsatz der Bundestreue siehe auch den Vertiefungsteil dieses Falles.
[139] Vgl. auch BVerfGE 98, 218, 249 (*Rechtschreibreform*).
[140] *Degenhart*, in: Sachs, GG Kommentar, Art. 70 Rn 25.

Teil 2: Prozessuale Möglichkeiten der Landesregierung

In Frage kommt eine abstrakte Normenkontrolle gemäß Art. 93 I Nr. 2 GG iVm §§ 13 Nr. 6, 76 BVerfGG.

I. Antragsberechtigung

Eine Landesregierung zählt zu den in Art. 93 I Nr. 2 GG und § 76 BVerfGG ausdrücklich genannten Antragsberechtigten.

II. Antragsgegenstand

Ferner müsste es sich bei dem geplanten Gesetz um einen zulässigen Antragsgegenstand handeln. Zulässiger Antragsgegenstand sind nach Art. 93 I Nr. 2 GG, § 76 BVerfGG Bundesrecht und Landesrecht. Hierunter fallen nicht nur formelle Bundes- oder Landesgesetze (Parlamentsgesetze), sondern auch Rechtsverordnungen und Satzungen (Gesetze im materiellen Sinn).[141] Dem Begriff „Recht" lässt sich jedoch entnehmen, dass es sich um **geltendes Recht** handeln muss. Zukünftige Regelungen, die sich erst in einem Vorbereitungsstadium befinden und von denen nicht sicher ist, in welcher Form sie eines Tages in Kraft treten werden, sind kein tauglicher Antragsgegenstand.

Das zu überprüfende Gesetz muss daher zumindest bereits im Gesetzblatt verkündet worden sein (nicht notwendig aber bereits in Kraft getreten sein).[142] Laut Sachverhalt ist das Gesetz zur Einführung des Englischunterrichts ab Klasse 1 bisher nur in den Deutschen Bundestag eingebracht worden; es ist aber noch nicht einmal beschlossen worden, geschweige denn im Gesetzblatt verkündet worden. Somit handelt es sich nicht um geltendes Recht und stellt keinen tauglichen Antragsgegenstand für ein Normenkontrollverfahren dar.

---

[141] *Maurer*, Staatsrecht I, § 20 Rn 79.
[142] *Schlaich/Korioth*, Das Bundesverfassungsgericht Rn 129; *Jarass/Pieroth*, Art. 93 Rn 21.

3. Ergebnis

Ein Normenkontrollverfahren ist unzulässig.

> **Merke**: Eine „**vorbeugende**" **Normenkontrolle** ist dem GG unbekannt und daher unzulässig. Eine **Ausnahme** gibt es jedoch: Bei **Zustimmungsgesetzen zu völkerrechtlichen Verträgen** nach Art. 59 II GG ist auch eine vorbeugende Normenkontrolle möglich.[143]

B. Zulässigkeit eines Bund-Länder-Streitverfahrens

Da hier der Bund und das Land N darüber streiten, ob der Bund zum Erlass des Gesetzes zur Einführung des Englischunterrichts ab Klasse 1 zuständig ist, könnte ferner ein Bund-Länder-Streitverfahren nach Art. 93 I Nr. 3 GG, §§ 13 Nr. 7, 68 ff. BVerfGG zulässig sein.

I. Beteiligtenfähigkeit von Antragsteller und Antragsgegner

Antragsteller und Antragsgegner können die Bundesregierung für den Bund und eine Landesregierung für ein Land sein, § 68 BVerfGG.

Als Antragsteller kommt hier die Landesregierung des Landes N in Frage, als Antragsgegner die Bundesregierung für den Bund.

II. Antragsgegenstand

Antragsgegenstand sind gem. Art. 93 I Nr. 3 GG Meinungsverschiedenheiten über Rechte und Pflichten des Bundes und der Länder aus dem Bundesstaatsverhältnis. In verfassungsgemäßer Weise statuiert § 69 iVm § 64 I BVerfGG das Erfordernis eines Streits um eine konkrete rechtserhebliche Maßnahme bzw. ein entsprechendes Unterlassen. Das Gesetz zur Einführung des Englischunterrichts ab Klasse 1 ist bislang nur in den Bundestag eingebracht worden, aber noch nicht beschlossen und verkündet worden. Es entfaltet

---

[143] *Schlaich/Korioth*, Das Bundesverfassungsgericht Rn 129.

daher noch keine bundesstaatsrechtlich relevanten Wirkungen. Somit stellt es auch keine rechtserhebliche Maßnahme iSd § 69 iVm § 64 I BVerfGG dar und ist daher auch kein tauglicher Antragsgegenstand im Bund-Länder-Streitverfahren.

III. Zwischenergebnis

Auch ein Bund-Länder-Streitverfahren ist unzulässig.

C. Ergebnis Teil 2

Für die Landesregierung des Landes N bestehen keine prozessualen Möglichkeiten, den in den Bundestag eingebrachten Gesetzentwurf der Bundesregierung vor dem Bundesverfassungsgericht anzugreifen.

Hinweis: Damit ist auch klar, warum der Aufgabensteller zunächst eine losgelöste Erörterung der Verfassungsmäßigkeit des Gesetzesvorhabens verlangt hat. Da ein Verfahren vor dem BVerfG (gegenwärtig) nicht möglich ist, hätte der Bearbeiter ansonsten hilfsgutachterlich weiterprüfen müssen.

VERTIEFUNG FALL 3: DAS BUNDESSTAATSPRINZIP UND GESETZGEBUNGSKOMPETENZEN[144]

1. Allgemein

Die Bundesrepublik ist gemäß Art. 20 GG ein **Bundesstaat**.[145] Damit ist die Staatsgewalt anders als in einem Einheitsstaat zwischen dem Bund und den Ländern aufgeteilt. Die Aufteilung der Kompetenzen bildet damit auch das Hauptproblem in einem Bundesstaat. Wer soll also für welche Regelungen zuständig sein? An genau dieser Frage ist im Dezember 2004 auch die Föderalismuskommission zunächst gescheitert.[146] Ähnliche Probleme stellen sich auch bei der Aufteilung der Kompetenzen der Europäischen Union und den einzelnen Mitgliedstaaten.[147] Das GG bestimmt als Grundregel, dass die Ausübung hoheitlicher Befugnisse grds. bei den Ländern liegt (vgl. Art. 30, 70, 83 GG).

Ein Bundesstaat besteht aus den Gliedstaaten (Länder) und dem Gesamtstaat (Bund).[148] Sowohl der Gesamt- als auch die einzelnen Gliedstaaten haben **Staatsqualität**. Die Aufgaben sind zwar nach dem GG aufgeteilt, in ihrem Bereich üben die Länder jedoch originäre und nicht etwa vom Bund abgeleitete Staatsgewalt aus.[149] Die Bundesländer besitzen damit auch **Verfassungsautonomie**, können sich also eine Verfassung geben. Jedoch sind sie in der Ausgestaltung dieser Verfassung nicht völlig frei, sondern müssen aufgrund des **Homogenitätsprinzips** des Art. 28 I GG bestimmte Vorgaben der Bundesverfassung beachten. Danach muss die verfassungsmäßige Rechtsordnung in den Ländern den verfassungsrechtlichen Grundentscheidungen des GG für die republika-

---

[144] **Leitentscheidungen**: BVerfGE 8, 122 (*Atomwaffenbefragung*); E 12, 205 (*Rundfunkurteil*); E 81, 310 (Auftragsverwaltung); E 92, 203 (*EG-Fernsehrichtlinie*); E 84, 25 (*Schacht Konrad*).

[145] Als die Alliierten nach Ende des Zweiten Weltkriegs die Länder mit dem Entwurf einer Verfassung für den westlichen Teil Deutschlands beauftragten, machten sie gleich klar, dass sie allein einen Bundesstaat und keinen Zentralstaat akzeptieren würden. Deshalb fand die Gliederung des Bundes in Länder auch Eingang in die Ewigkeitsklausel. Bayern lehnte das GG als einziges Bundesland auch deshalb ab, weil es die Kompetenzen der Länder als zu gering ansah.

[146] Inhaltlich ging es hier um die Bildungspolitik. Der Bund wollte in diesem Bereich mehr Mitspracherechte, die Länder waren zu einem solchen Kompetenzaufgabe indes nicht bereit.

[147] Zu den Kompetenzen der Union siehe *Thiele*, Europarecht, § 7. Zu den möglichen Änderungen durch den Verfassungsentwurf *Ludwigs*, ZEuS 2004, 211 ff.

[148] Dies ist der sogenannte zweigliedrige Bundesstaatsbegriff. Teilweise wurde früher ein dreigliedriger Bundesstaatsbegriff vertreten. Dieser unterschied zwischen Gliedstaaten, Zentralstaat und einem umfassenden Gesamtstaat aus Gliedstaat und Zentralstaat.

[149] Anders ist dies etwa bei den Gemeinden, die ihre Hoheitsgewalt von den Ländern ableiten.

nische Staatsform, die Demokratie und den sozialen Rechtsstaat entsprechen. Die sonstige Ausgestaltung der Länderverfassungen ist indes nicht vorgegeben (und ja auch tatsächlich äußerst unterschiedlich).

2. Wesentliche Inhalte

a) Zahl der Länder

Inhaltlich verlangt das Bundesstaatsprinzip zunächst, dass die Bundesstaatlichkeit erhalten bleibt. Der verfassungsändernde Gesetzgeber könnte folglich keinen Zentralstaat errichten. Indes ist er nicht gehindert, die Anzahl der Länder zu verändern, wie bereits Art. 29 GG zeigt. Umstritten ist jedoch, ob über Art. 79 III GG eine **Mindestanzahl an Ländern** gewährleistet wird. Als sicher kann gelten, dass aufgrund der Verwendung des Plural (Gliederung des Bundes in Länder) jedenfalls nur ein Bundesland nicht ausreicht. Es müssen also mehrere Bundesländer bestehen. Ob zwei Länder ausreichen ist umstritten, soll an dieser Stelle jedoch nicht entschieden werden.[150]

b) Grundsätzliche Beteiligung an der Gesetzgebung

Zudem müssen die Länder **grundsätzlich** an der Gesetzgebung des Bundes beteiligt werden. Hieraus kann gefolgert werden, dass jedenfalls die gegenwärtige Beteiligung durch den Bundesrat nicht zwingend ist. Der Bundesrat könnte also abgeschafft werden. Als Ausgleich müsste jedoch dafür gesorgt werden, dass die Länder in anderer ausreichender Weise an der Bundesgesetzgebung partizipieren können. Erforderlich ist somit, dass die Bindung des Bundes in einem Mindestmaß im Hinblick auf die Wahrung von Länderinteressen effektiv ist.[151] Nicht möglich wäre zudem, dass der Bund über Verfassungsänderungen nach und nach alle wesentlichen Kompetenzen der Länder an sich zieht und damit den Bundesstaat schleichend aushöhlt. Das Bundesstaatsprinzip verlangt vielmehr, dass den Ländern in wesentlichen Bereichen Kompetenzen verbleiben.

c) Grundsatz der „Bundestreue"[152]

Ausdruck des Bundesstaatsprinzips ist zudem der Grundsatz der gegenseitigen Treueverpflichtung. Dieser Grundsatz des Föderalismus enthält die Rechtspflicht des Bundes und aller Länder, zu **bundesfreundlichem Verhalten**; alle an dem verfassungsrechtlichen Bündnis Beteiligten sind gehalten, dem Wesen des Bundes entsprechend zusammenzuwirken und zu seiner Festigung und zur Wahrung seiner und der wohlverstandenen

---

[150] Dafür etwa *Isensee*, AöR 115 (1990), S. 248 (261); anders dagegen *Hain*, Die Grundsätze des Grundgesetzes, S. 412 f.
[151] *Hain*, Die Grundsätze des Grundgesetzes, S. 415.
[152] Siehe hierzu die „Leitentscheidungen": BVerfGE 8, 104 (*Volksbefragung*); E 12, 205 (1. Rundfunkurteil); E 92, 203 (*Fernsehrichtlinie*).

Interessen seiner Glieder beizutragen.[153] Diese Pflicht trifft folglich **beide Seiten**: Die Länder sind gehalten, auf die Belange des Bundes Rücksicht zu nehmen, der Bund muss bei seinem Handeln stets auch die Interessen der Länder berücksichtigen. Der Grundsatz der Bundestreue spielt insbesondere dort eine Rolle, wo die Kompetenzverteilung des GG eine „Arbeitsteilung" zwischen Bund und Ländern vorsieht. (Beispiel aus der Praxis: Bundesauftragsverwaltung, insbesondere im Bereich des Atomrechts).[154] In bestimmten Fällen kann dieser Grundsatz auch zu einer **Handlung verpflichten**:

-   Trifft etwa den Bund völkerrechtlich eine Pflicht zur Umsetzung einer Verpflichtung, diese jedoch innerstaatlich in die Kompetenz der Länder fällt, kann der Grundsatz die Länder zu einem entsprechenden Handeln verpflichten.[155] Besondere Relevanz hat diese Konstellation bei der innerstaatlichen Umsetzung von Richtlinien der Europäischen Union.[156]
-   Soweit eine Gemeinde ihre Kompetenzen überschreitet und hierdurch in Bundeszuständigkeiten eingreift, besteht für das Land, dem die Gemeinde angehört, eine Pflicht, im Wege der Rechtsaufsicht vorzugehen.

Häufig ergeben sich zudem aus der Pflicht zu bundesfreundlichem Verhalten bestimmte Anhörungs- und Beteiligungsrechte. Das Verfahren, in dem Verstöße gegen diese Pflicht gerügt werden können, bildet regelmäßig der **Bund-Länder-Streit** gemäß Art. 93 I Nr. 3 GG iVm §§ 13 Nr. 7, 68 ff BVerfGG.

3. Die Verteilung der Gesetzgebungskompetenzen[157]

Die verfassungsrechtliche Grundentscheidung für den Bundesstaat (Art. 20 I GG) erfordert wie eingangs erwähnt die Aufteilung der Staatsaufgaben zwischen Bund und Ländern. Die Gesetzgebungskompetenzen von Bund und Ländern werden dabei durch die Art. 70 ff. GG verteilt. Aufgrund der Föderalismusreform aus dem Jahr 2006 hat es einige Neuerungen in diesem Bereich gegeben, mit denen Sie sich vertraut machen sollten.[158]

---

[153] So das BVerfG in E 1, 299 (315).
[154] Siehe hierzu auch den Fall 8 mit Vertiefung.
[155] BVerfGE 6, 309 (328); 32, 199 (219).
[156] Die Richtlinie der Union ist zweistufig ausgestaltet. Zunächst erfolgt der Erlass durch die EU, anschließend müssen die Mitgliedstaaten diese in einer bestimmten Frist in innerstaatliches Recht umsetzen. Siehe hierzu *Thiele*, Europarecht, § 5.
[157] Zu den Verwaltungskompetenzen siehe die Vertiefung zu Fall 8.
[158] Zu den Änderungen im Bereich der Gesetzgebungskompetenzen durch die Föderalismusreform im Jahr 2006, siehe *Thiele*, JA 2006, 714 ff.; *Klein/Schneider*, DVBl. 2006, 1549 ff.; *Hebeler*, JA 2010, 688 ff.

Nach Art. 70 I GG sind **grundsätzlich die Länder für die Gesetzgebung zuständig**, soweit nicht dem Bund durch das Grundgesetz die Zuständigkeit zur Gesetzgebung verliehen wird. Art. 70 I GG konkretisiert insofern die Regelung des Art. 30 I GG, wonach die Ausübung staatlicher Befugnisse und die Erfüllung staatlicher Aufgaben Sache der Länder ist, soweit das Grundgesetz keine andere Regelung trifft oder zulässt. Das GG verleiht dem Bund insbesondere in den Art. 73, 74 GG für bestimmte Sachmaterien die Zuständigkeit zur Gesetzgebung. Zu unterscheiden ist zwischen der **ausschließlichen Gesetzgebungskompetenz** des Bundes (Art. 73 I GG i.V.m. Art. 71 GG) und der **konkurrierenden Gesetzgebungskompetenz** des Bundes zum einen ohne und zum anderen mit Abweichungsrecht der Länder (Art. 74 I GG i.V.m. Art. 72 I, II GG bzw. Art. 74 I GG i.V.m. Art. 72 I, III GG).

- **Ausschließliche Gesetzgebungskompetenz** meint, dass grundsätzlich nur der Bund die in Art. 73 I GG aufgezählten Sachgebiete gesetzlich regeln darf. Dies ergibt sich aus Art. 71 GG.[159] Ausschließliche Gesetzgebungskompetenzen des Bundes finden sich zudem nicht nur in Art. 73 I GG. Vereinzelt wird dem Bund auch an anderen Stellen im GG die ausschließliche Gesetzgebungszuständigkeit zugewiesen, vgl. z.B. Art. 4 III 2; 21 III; 22 I 2; 38 III; 87 I 2, III; 91a II, 93 II, 94 II GG, 104a IV 2, V 2.

- **Konkurrierende Gesetzgebungskompetenz** (Art. 72 I i.V.m. 74 I GG) bedeutet, dass der Bund die (insb.) in Art. 74 I GG genannten Materien jederzeit regeln darf. Sofern es sich um eine der in Art. 72 II GG aufgezählten Materien handelt, gilt dies jedoch nur für den Fall, dass eine bundeseinheitliche Regelung zur Herstellung gleichwertiger Lebensverhältnisse im Bundesgebiet, zur Wahrung der Rechtseinheit oder zur Wahrung der Wirtschaftseinheit erforderlich ist.[160]

Solange der Bund von seiner konkurrierenden Gesetzgebungskompetenz noch keinen Gebrauch gemacht hat, sind ferner die Länder befugt, diese Materien zu regeln. Die Gesetzgebungszuständigkeit der Länder entfällt jedoch, wenn der Bund von seiner konkurrierenden Gesetzgebungskompetenz abschließend Gebrauch gemacht hat (Art. 72 I GG). Eine Ausnahme hiervon statuiert wiederum der durch die Föderalismusreform neu ins GG eingefügte Art. 72 III 1 GG. Für die dort genannten Bereiche haben die Länder das Recht, von den betreffenden

---

[159] Die Länder dürfen allerdings Gesetze, die die Materie der ausschließlichen Gesetzgebungskompetenz betreffen, dann erlassen (aber auch nur dann!), wenn und soweit sie hierzu in einem Bundesgesetz ausdrücklich ermächtigt sind, Art. 71 GG.

[160] Lesen Sie zur Erforderlichkeitsklausel des Art. 72 II GG unbedingt die Leitsätze der Entscheidung BVerfGE 106, 62 (*Altenpflegeurteil*).

Bundesgesetzen abweichende Regelungen zu treffen (**konkur-rierende Gesetzgebungskompetenz mit Abweichungsrecht der Länder**). Allerdings gibt es auch im Rahmen des Art. 72 III 1 GG „**abweichungsfeste Kernbereiche**".[161] So können die Länder beim Recht des Jagdwesens keine abweichenden Regelungen hinsichtlich des Rechts der Jagdscheine treffen (vgl. Art. 72 III Nr. 1). Das Verhältnis von Bundesrecht zu Landesrecht im Bereich des Art. 72 III 1 GG regelt Art. 72 III 3 GG. Demnach kommt der jüngeren Regelung ein Anwendungsvorrang gegenüber der älteren Regelung zu. Anwendungsvorrang meint: Die „ältere" Regelung wird nicht (endgültig) außer Kraft gesetzt, sondern sie lebt wieder auf, wenn die „jüngere" Regelung aufgehoben wird.[162] Beachten Sie ferner die Frist des Art. 72 III 2 GG (6 Monate), die den Ländern Gelegenheit geben soll, rechtzeitig vor In-Kraft-Treten einer bundesrechtlichen Regelung abweichende landesrechtliche Regelungen zu erlassen.

Merke: Nach In-Kraft-Treten der **Föderalismusreform 2006** müssen Sie zwischen folgenden ausdrücklich im GG genannten Kompetenztypen unterscheiden („geschriebene Gesetzgebungskompetenzen"):

1. ausschließliche Gesetzgebungskompetenz des Bundes (Art. 71, 73 GG).
2. konkurrierende Gesetzgebungskompetenz des Bundes ohne Abweichungsrecht der Länder und ohne Bindung an die Erforderlichkeitsklausel des Art. 72 II GG.
3. konkurrierende Gesetzgebungskompetenz des Bundes ohne Abweichungsrecht der Länder und mit Bindung an die Erforderlichkeitsklausel des Art. 72 II GG.
4. konkurrierende Gesetzgebungskompetenz des Bundes mit Abweichungsrecht der Länder nach Art. 72 III GG.

Zur Erinnerung: Bis zur jüngsten Novelle des Grundgesetzes im Jahr 2006 gab es für den Bund neben der ausschließlichen und konkurrierenden Gesetzgebungskompetenz auch noch die **Rahmengesetzgebungskompetenz** (Art. 75 GG a.F.). Für die Materien des Art. 75 I 1 GG a.F. durfte der Bund einen rechtlichen Rahmen vorgeben. Er war jedoch nicht dafür zuständig, abschließende Regelungen zu treffen. Der Landesgesetzgeber musste den Rahmen daher noch „ausfüllen" können. Durch die Föderalismusreform 2006 wurde dieser Kompetenztyp abgeschafft. Die Materien des Art. 75 GG a.F. zählen heute überwiegend zur konkurrierenden Gesetzgebungskompetenz des Bundes mit Abweichungsrecht der Länder.

---

[161] Diese abweichungsfesten Kernbereiche finden Sie in Art. 72 III 1 Nr. 1, 2, 5 jeweils in Klammern gesetzt. Dazu auch *Hebeler*, JA 2010, 688.
[162] Vgl. *Rengeling*, DVBl. 2006, 1537, 1543.

> **Achtung:** Bei „älteren" Bundes- und Landesgesetzen, die heute nicht mehr im Einklang mit den Kompetenzvorschriften des Grundgesetzes stehen, müssen Sie unbedingt die **Übergangsvorschriften Art. 125a, 125b GG** beachten![163] So ist z.B. wegen Art. 125a I 1 GG das GastG des Bundes (Sartorius Nr. 810) weiterhin verfassungskonformes, geltendes Recht, obgleich die Länder jetzt die ausschließliche Gesetzgebungskompetenz für das Gaststättenrecht haben (vgl. Art. 74 I Nr. 11 GG). Die Länder können das GastG jetzt aber durch eigene Regelungen ersetzen. In diesem Fall verdrängt die entsprechende landesrechtliche Regelung das GastG des Bundes.

Neben den „geschriebenen" Gesetzgebungskompetenzen des Bundes (ausschließliche und konkurrierende Gesetzgebungskompetenz) existieren ferner noch die **ungeschriebenen Gesetzgebungskompetenzen** des Bundes. Hierzu zählen die **„Kompetenz kraft Sachzusammenhangs"**, die **„Annex-Kompetenz"** und die **„Kompetenz kraft Natur der Sache"**.

- Eine Kompetenz **kraft Sachzusammenhangs** besteht, wenn eine dem Bund ausdrücklich zugeordnete Materie verständlicherweise nicht geregelt kann, ohne dass zugleich eine ihm nicht ausdrücklich zugewiesene andere Materie mitgeregelt wird, wenn also ein Übergreifen in nicht ausdrücklich zugewiesene Materien unerlässliche Voraussetzung ist für die Regelung einer der Bundesgesetzgebung zugewiesenen Materie.[164] (Beispiel: Die Regelung der Sendezeiten für politische Parteien steht im Zusammenhang mit dem Parteiwesen, Art. 21 III).

- Eine **Annexkompetenz** ist gegeben, wenn eine ausdrücklich dem Bund zugewiesene Materie nicht geregelt werden kann, ohne dass auch Stadien der Vorbereitung oder Durchführung mitgeregelt werden (z.B. Bundeswehrhochschulen als Annex zu Art. 73 Nr. 1 GG).[165]

> **Achtung:** Die Grenzen zwischen der Kompetenz kraft Sachzusammenhangs und der Annexkompetenz sind fließend. Eine eindeutige Festlegung kann somit in der Klausur Probleme bereiten. Zeigen sie in diesem Fall, dass Ihnen beide Kompetenzarten und ihre Definitionen bekannt sind und entscheiden Sie sich für eine der beiden Arten. Mehr kann von Ihnen nicht erwartet werden.

---

[163] Siehe hierzu auch *Rengeling*, DVBl. 2006, 1537, 1545.
[164] BVerfGE 3, 407, 421.
[165] *Schmidt*, Staatsorganisationsrecht Rn 847.

- Eine **Kompetenz kraft Natur der Sache** besteht, wenn eine Materie *begriffsnotwendig* nur durch ein Bundesgesetz geregelt werden kann. Zweckmäßigkeit allein genügt nicht. Es muss sich vielmehr um Sachgebiete handeln, die ihrer Natur nach eigenste, der partikularen Gesetzgebungszuständigkeit a priori entrückte Angelegenheiten des Bundes darstellen und daher nur vom Bund geregelt werden können.[166] (Bsp. Gesetz über die Bundeshauptstadt, Verleihung von Bundesorden).

Merke: Die Kompetenz kraft Sachzusammenhangs und die Annexkompetenz erfordern immer eine dem Bund ausdrücklich im GG zugewiesene Kompetenzmaterie, an die angeknüpft werden kann. Für die Annahme einer Kompetenz kraft Natur der Sache ist dies hingegen gerade nicht notwendig. Während eine Kompetenz kraft Natur der Sache immer eine ausschließliche Kompetenz des Bundes ist, können die Kompetenz kraft Sachzusammenhangs und die Annexkompetenz im Zusammenhang mit Sachgebieten stehen, für die dem Bund entweder die ausschließliche oder aber auch die konkurrierende Gesetzgebungskompetenz zusteht.

Ergänzend ist auch noch auf die **Grundsätzegesetzgebung** des Bundes (Art. 109 III GG) hinzuweisen, die nur für das Haushaltsrecht gilt. Hier darf der Bund Grundsätze aufstellen, die Länder dürfen diese verfeinernd ausgestalten, bindend ist dieses Recht dann aber für beide Ebenen.

Hinweis: Anders als die Regelung des Art. 70 I GG zunächst vermuten lässt, stammt gegenwärtig der Großteil der Gesetze nicht von den Ländern, sondern vom Bund.[167] Auf folgenden klassischen Gebieten, die Ihnen bekannt sein sollten, lag die Gesetzgebungskompetenz aber schon immer ausschließlich bei den Ländern und nicht beim Bund: Schulrecht, Polizeirecht, Kommunalrecht, Rundfunkrecht und Bauordnungsrecht.[168]

Aufgrund der **Föderalismusreform** haben die Länder zudem die ausschließliche Gesetzgebungszuständigkeit für eine ganze Reihe neuer Rechtsgebiete erhalten.[169] Zum Beispiel für das Ladenschlussrecht, das Gaststättenrecht, das Recht der Spielhallen, der Schaustellung von Personen, der Messen, der Ausstellungen und der Märkte (vgl. Art. 74 I Nr. 11 GG), das Recht der Laufbahnen, Besoldung und Versorgung der Beamten (vgl. Art. 74 I Nr. 27 GG), das Versammlungsrecht, das Strafvollzugsrecht, das Presserecht und das Hochschulrecht mit Ausnahme der Hochschulzulassung und der Hochschulabschlüsse (vgl. Art. 74 I Nr. 33 GG).

---

[166] BVerfGE 11, 89, 99.
[167] Vgl. auch *Ipsen*, Staatsrecht I Rn 589.
[168] Weitere Beispiele bei *Schmidt*, Staatsorganisationsrecht Rn 795 f.
[169] Überblick auch bei *Thiele*, JA 2006, 714 ff. Allgemein *Hebeler*, JA 2010, 688.f

Zur Erforderlichkeit nach Art. 72 II GG:

Sofern der Bund eine gesetzliche Regelung auf einem der Gebiete treffen möchte, die in Art. 72 II GG aufgezählt werden (die Gebiete des Art. 74 I Nr. 4, 7, 11, 13, 15, 19a, 20, 22, 25, 26 GG), genügt es nicht, dass sich der Bund auf seine konkurrierende Gesetzgebungskompetenz nach Art. 74 I GG berufen kann. Er muss zudem nachweisen, dass eine bundesgesetzliche Regelung **erforderlich im Sinne des Art. 72 II GG** ist.[170] Im Rahmen eines Gutachtens müssen Sie also im Bereich der konkurrierenden Gesetzgebung immer auch prüfen, ob Art. 72 II GG einschlägig ist. Ist dies der Fall, müssen Sie weiterhin prüfen, ob das Gesetz zur **Herstellung gleichwertiger Lebensverhältnisse oder zur Wahrung der Rechts- oder Wirtschaftseinheit erforderlich ist.** Wann dies nach Ansicht des BVerfG der Fall ist, kann dem 2. Leitsatz des **Altenpflegeurteils** (BVerfGE 106, 62) entnommen werden, der hier abgedruckt ist:

Die Erforderlichkeitsklausel unterscheidet alternativ drei mögliche Ziele als Voraussetzung zulässiger Bundesgesetzgebung. Deren Konkretisierung muss sich am Sinn der besonderen bundesstaatlichen Integrationsinteressen orientieren.

- Das Erfordernis der "Herstellung gleichwertiger Lebensverhältnisse" ist nicht schon dann erfüllt, wenn es nur um das Inkraftsetzen bundeseinheitlicher Regelungen geht. Das bundesstaatliche Rechtsgut gleichwertiger Lebensverhältnisse ist vielmehr erst dann bedroht und der Bund erst dann zum Eingreifen ermächtigt, wenn sich die Lebensverhältnisse in den Ländern der Bundesrepublik in erheblicher, das bundesstaatliche Sozialgefüge beeinträchtigender Weise auseinander entwickelt haben oder sich eine derartige Entwicklung konkret abzeichnet.

- Die "Wahrung der Rechts- oder Wirtschaftseinheit" betrifft unmittelbar institutionelle Voraussetzungen des Bundesstaats und erst mittelbar die Lebensverhältnisse der Bürger. Eine Gesetzesvielfalt auf Länderebene erfüllt die Voraussetzungen des Art. 72 Abs. 2 GG erst dann, wenn sie eine Rechtszersplitterung mit problematischen Folgen darstellt, die im Interesse sowohl des Bundes als auch der Länder nicht hingenommen werden kann.

- Die "Wahrung der Wirtschaftseinheit" liegt im gesamtstaatlichen Interesse, wenn es um die Erhaltung der Funktionsfähigkeit des Wirtschaftsraums der Bundesrepublik durch bundeseinheitliche Rechtssetzung geht. Der Erlass von Bundesgesetzen zur Wahrung der Wirtschaftseinheit steht dann im gesamtstaatlichen, also im gemeinsamen Interesse von Bund und Ländern, wenn Landesregelungen oder das Untätigbleiben der Länder erhebliche Nachteile für die Gesamtwirtschaft mit sich bringen.

---

[170] Nach früherer Rspr. hatte der Bund diesbezüglich einen verfassungsgerichtlich nicht überprüfbaren Beurteilungsspielraum. 1994 wurde der Art. 72 II GG vom Wortlaut her jedoch geändert. Seitdem besteht **kein gesetzgeberischer Beurteilungsspielraum hinsichtlich der Voraussetzungen des Art. 72 II GG mehr** BVerfGE 106, 62, Leitsatz 2a.

FALL 4: VÖLLIG ALLEINGELASSEN?

Die Abgeordnete A gehört im Bundestag der Fraktion F an und ist für diese Mitglied im Europaausschuss (vgl. Art. 45 GG). Nachdem es während der Legislaturperiode mehrfach zu Streitigkeiten zwischen ihr und der Fraktion gekommen ist, kommt es nach drei Jahren endgültig zum Bruch: A wird nach einer heftigen Debatte aus der Fraktion F ausgeschlossen. Da sie sich auch keiner anderen Fraktion anschließen will, ist sie seitdem fraktionslos.

F teilt daraufhin dem Bundestagspräsidenten mit, dass nun der Abgeordnete B die Aufgaben im Europaausschuss für sie wahrnehmen werde. A ist daher nunmehr in keinem Ausschuss des Bundestages mehr Mitglied. Aufgrund der Verteilungspraxis des Bundestages, die dieser in seiner Geschäftsordnung festgelegt hat, und nach der allein die einzelnen Fraktionen über die Besetzung der Ausschüsse bestimmen, wird sie auch keinem anderen Ausschuss zugeteilt.

A will sich daher an das BVerfG wenden. Sie hält bereits den Abzug aus dem Europaausschuss für verfassungswidrig. Schließlich habe sie hier bereits drei Jahre gute Arbeit geleistet. Zudem müsse sie aufgrund des Grundsatzes der Abgeordnetengleichheit zumindest einem anderen Ausschuss ihrer Wahl zugeteilt werden, in dem sie dann – wie alle anderen Abgeordneten – Rede- und Antragsrecht sowie auch Stimmrecht haben müsse.

Kann sich A mit Erfolg an das BVerfG wenden?

Fall angelehnt an BVerfGE 80, 188 (*Wüppesahl*-Entscheidung)

LÖSUNG FALL 4: VÖLLIG ALLEINGELASSEN?[171]

Vorüberlegung: Es handelt sich erneut um eine Klage vor dem BVerfG. Es ist danach gefragt, ob sich die A mit Erfolg an das BVerfG wenden kann. Zu prüfen ist daher sowohl die Zulässigkeit als auch die Begründetheit eines solchen Verfahrens. Inhaltlich geht es um die Rechte des Abgeordneten aus Art. 38 I 2 GG (freies Mandat). Lesen Sie bereits jetzt diese Norm, um sich einen ersten Überblick zu verschaffen.

Die Abgeordnete A wendet sich sowohl gegen den Abzug aus dem Europaausschuss als auch gegen die Tatsache, dass sie zumindest keinem anderen Ausschuss zugeteilt wurde. In Betracht kommt damit ein **Organstreitverfahren** gemäß Art. 93 I Nr.1 GG iVm §§ 13 Nr. 5, 63 ff. BVerfGG. Dieses hat Aussicht auf Erfolg, soweit es zulässig (A.) und begründet (B.) ist.

A. Zulässigkeit

I. Parteifähigkeit

Beim Organstreitverfahren handelt es sich um ein **kontradiktorisches Verfahren**. Sowohl der Antragsteller als auch der Antragsgegner müssen damit parteifähig sein. Parteifähig sind gemäß § 63 BVerfGG der Bundespräsident, der Bundestag, der Bundesrat, die Bundesregierung und die im GG oder in den Geschäftsordnungen des Bundestages mit eigenen Rechten ausgestatteten Teile dieser Organe. Aus Art. 93 I Nr. 1 GG direkt folgt zudem die Parteifähigkeit „anderer Beteiligter", die in diesen Geschäftsordnungen mit eigenen Rechten ausgestattet sind.[172]

---

[171] Zur Stellung des fraktionslosen Abgeordneten auch *Ziekow*, JuS 1991, 28 sowie *Trute*, Jura 1990, 184.

[172] Art. 93 I Nr. 1 GG ist insoweit weiter als § 63 BVerfGG. Aufgrund der Normenhierarchie kann das BVerfGG jedoch die Parteifähigkeit nicht beschränken, weshalb die Parteifähigkeit „anderer Beteiligter" direkt aus Art. 93 I Nr. 1 GG folgt. Generell zum Organstreitverfahren *Engels*, Jura 2010, 421.

> **Tipp**: Es ist in der Regel sinnvoll, auch im Gliederungsaufbau bei der Parteifähigkeit zwischen Antragsteller und Antragsgegner zu trennen. So wird auch dem Korrektor gleich gezeigt, dass Sie wissen, dass es sich hier um ein kontradiktorisches Verfahren handelt. Nur dann, wenn die Parteifähigkeit völlig unproblematisch ist, kann diese kurz (im Urteilsstil) für beide Seiten zusammen behandelt werden.

1. Antragsteller

Antragsteller ist hier die Bundestagsabgeordnete A. Abgeordnete werden durch Art. 38 I 2 GG mit eigenen Rechten ausgestattet. Sie sind damit als „andere Beteiligte" nach Art. 93 I Nr. 1 GG parteifähig.[173]

2. Antragsgegner

Auch der Antragsgegner muss parteifähig sein. Fraglich ist hier, wer als Antragsgegner anzusehen ist. A wendet sich im Ergebnis gegen die Regelungen zur Ausschussbesetzung, die sich in der Geschäftsordnung (GO) des Bundestages finden. Diese Regelungen, die die A hier konkret betreffen, hat der Bundestag zu Beginn der Legislaturperiode erlassen (vgl. Art. 40 I 2 GG).[174] Demgegenüber wendet der Bundestagspräsident die Regelungen dieser GO nur an, wenn er mitteilt, dass nunmehr ein anderer Abgeordneter den Ausschusssitz wahrnimmt. Dessen Handeln beruht also vollständig auf der GO des Bundestages. Damit ist hier der **Bundestag (als Urheber der GO) als Antragsgegner** anzusehen. Dieser ist gemäß § 63 BVerfGG parteifähig.

---

[173] Siehe hierzu *Schlaich/Korioth*, Das Bundesverfassungsgericht Rn 91. Das BVerfG sieht den Abgeordneten nicht als Teil des Gesamtorgans Bundestag, da der Begriff Organteil auf „ständig vorhandene Gliederungen" beschränkt sei. Siehe BVerfGE 90, 286 (342 ff.). Daher lehnt es die Möglichkeit ab, dass der einzelne Abgeordnete in Prozessstandschaft die Rechte des Gesamtorgans wahrnimmt. Kritisch zu dieser Rechtsprechung *Schlaich/Korioth*, Das Bundesverfassungsgericht Rn 94.

[174] In der Praxis wird die GO zu Beginn der Legislaturperiode nicht komplett neu erlassen. Vielmehr wird regelmäßig die bisherige einfach übernommen.

II. Antragsgegenstand

A müsste sich gegen einen zulässigen Antragsgegenstand wenden. Dies sind gemäß § 64 I BVerfGG alle **rechtserheblichen Maßnahmen oder Unterlassungen** des Antragsgegners, hier also des Bundestages. Hier wendet sich die A letztlich gegen die Regelung der GO zur Besetzung der Ausschüsse. Ebenso wie auch der Erlass eines Gesetzes kann auch eine Vorschrift der GO eine solche Maßnahme darstellen.[175] Voraussetzung ist jedoch, dass sie nach der gegebenen Situation beim Antragsteller eine aktuelle rechtliche Betroffenheit auszulösen vermag.[176] Hier ist die A durch den Verlust des Fraktionsstatus von der Regelung aktuell betroffen, da diese eine Mitarbeit in einem Ausschuss verhindert. Damit ist die Regelung der GO, nach der der Bundestag sich bei der Besetzung der Ausschüsse richtet, ein tauglicher Antragsgegenstand.

> **Merke**: Im Rahmen des Organstreits ist es wichtig, den Antragsgegenstand genau herauszuarbeiten. Dies ist wichtig für die nunmehr zu prüfende Antragsbefugnis. Zu prüfen ist hier allein, ob der Antragsteller durch den konkreten Antragsgegenstand möglicherweise in seinen Rechten und Pflichten verletzt wurde.

III. Antragsbefugnis

Zudem müsste A geltend machen können, durch die Regelung in der GO in ihren Rechten und Pflichten möglicherweise verletzt oder unmittelbar gefährdet zu sein, vgl. § 64 I BVerfGG. Nach dem Vortrag der A dürfte eine solche Verletzung oder Gefährdung mithin nicht von vornherein ausgeschlossen erscheinen. Zu beachten ist, dass im Rahmen des Organstreitverfahrens allein **organschaftliche Rechte** geltend gemacht werden können. *Nicht möglich* wäre daher etwa eine Berufung auf möglicherweise verletzte Grundrechte.

---

[175] BVerfGE 80, 188 (209).
[176] BVerfGE 80, 188 (209).

> **Merke**: Im Organstreitverfahren können nur organschaftliche Rechte und Pflichten geltend gemacht werden. Niemals kann im Rahmen dieses Verfahrens die Verletzung eines Grundrechts gerügt werden!

In diesem Fall kommt durch die Ausschussregelung der GO eine Verletzung des Art. **38 I 2 GG** in Betracht. Durch die Regelung ist es der A verwehrt, sich wie alle anderen Abgeordneten an der Ausschussarbeit zu beteiligen. Es ist daher nicht auszuschließen, dass hierin ein Verstoß gegen den aus Art. 38 I 2 GG folgenden Grundsatz der Abgeordnetengleichheit liegt. Die A ist damit antragsbefugt.

IV. Form/Frist

Der Antrag wäre gemäß § 23 I BVerfGG schriftlich einzureichen und zu begründen. Zudem müsste gemäß § 64 II BVerfGG die Norm genannt werden, deren Verletzung gerügt wird (hier Art. 38 I 2 GG). Fraglich ist, ob ein Antrag nicht verfristet wäre. Gemäß § 64 III BVerfGG muss der Antrag innerhalb von **sechs Monaten** eingereicht werden, nachdem das Verhalten dem Antragsteller bekannt geworden ist. Hier wendet sich die A gegen eine Bestimmung der GO. Die GO wird vom Bundestag zu Beginn der Legislaturperiode beschlossen. Da dieses Ereignis laut Sachverhalt bereits drei Jahre zurückliegt, müsste der Antrag grds. als verfristet angesehen werden.

Indes ist hier zu beachten, dass eine Bestimmung der GO nur dann zulässiger Antragsgegenstand ist, wenn sie den Antragsteller aktuell rechtlich betrifft. Wenn eine solche Maßnahme folglich erst ab diesem Zeitpunkt angreifbar ist, dann kann auch erst ab diesem Zeitpunkt die Frist des § 64 III BVerfGG zu laufen beginnen.[177] Ansonsten hätte ein Abgeordneter, der für einen anderen in den Bundestag nachrückt, in der Regel keinerlei Möglichkeit, eine GO-Regelung überprüfen zu lassen.

---

[177] So auch das BVerfG in E 80, 188 (210).

Da die A erstmals durch den Abzug aus dem Europaausschuss von der Regelung betroffen wurde, begann die Frist auch erst ab diesem Zeitpunkt zu laufen. Damit wäre ein Antrag nicht verfristet.

V. Ergebnis

Ein Organstreitverfahren der A wäre zulässig, sofern sie den Antrag innerhalb von sechs Monaten nach ihrem Abzug aus dem Europaausschuss stellt.

B. Begründetheit

Das Organstreitverfahren der A wäre auch begründet, wenn sie durch die Regelung der GO tatsächlich in ihren Rechten aus Art. 38 I 2 GG verletzt wurde.

I. Die Rechte des Art. 38 I 2 GG[178]

> **Tipp**: Art. 38 I 2 GG regelt den Status des Abgeordneten. Im Rahmen des Staatsorganisationsrechts werden hier regelmäßig vertiefte Kenntnisse erwartet. Es lohnt sich daher, zur Stellung des Bundestagsabgeordneten die Ausführungen in *Jarass/Pieroth*, Art. 38 GG Rn 23 ff. einmal nachzulesen.

Gemäß Art. 38 I 2 GG sind die Abgeordneten Vertreter des ganzen Volkes, an Aufträge und Weisungen nicht gebunden und allein ihrem Gewissen unterworfen. Sie genießen damit ein **freies Mandat**. Aus Art. 38 I 2 GG folgt daher, dass jeder einzelne Abgeordnete berufen ist, an der Arbeit des Bundestages, seinen Verhandlungen und Entscheidungen, teilzunehmen. Dabei genießen alle Mitglieder des Bundestages zur Wahrnehmung dieser Aufgabe **die gleichen Rechte und Pflichten**.[179]

---

[178] Siehe hierzu auch *Ipsen*, Staatsorganisationsrecht Rn 285 ff.; *Maurer*, Staatsrecht I, § 13 Rn 60 ff.
[179] BVerfGE 80, 188 (218).

Zu diesen jedem einzelnen Abgeordneten zustehenden Befugnissen zählen vor allem das Rederecht und das Stimmrecht, die Beteiligung an der Ausübung des Frage- und Informationsrechts des Parlaments, das Recht, sich an den vom Parlament vorzunehmenden Wahlen zu beteiligen und parlamentarische Initiativen zu ergreifen sowie schließlich das Recht, sich mit anderen Abgeordneten zu einer Fraktion zusammenzuschließen.

Grds. obliegt es dabei dem Bundestag, im Rahmen seiner von Art. 40 I 2 GG verliehenen **Geschäftsordnungsautonomie**,[180] sich selbst zu organisieren und die Rechte der einzelnen Abgeordneten näher auszugestalten. So kann in der GO grds. geregelt werden, wie sich Ausschüsse zusammensetzen und wie die genannten Initiativ-, Informations- und Kontrollrechte im Einzelnen wahrgenommen werden können. Dabei ist stets zu beachten, dass die verfassungsrechtlichen Rechte des Abgeordneten durch die GO nicht begründet werden. Vielmehr wird hierin lediglich die Art und Weise ihrer Ausübung konkretisiert. Eine solche Konkretisierung ist notwendig, da die Abgeordnetenrechte nur als Mitgliedschaftsrechte bestehen und verwirklicht werden können. Sie müssen daher einander zugeordnet und aufeinander abgestimmt werden, da dem Parlament nur so eine sachgerechte Erfüllung seiner Aufgaben möglich ist.

Das bedingt zugleich, dass auch **Beschränkungen der Rechte des einzelnen Abgeordneten möglich sind**, da sie sich – als Mitgliedschaftsrechte – in deren notwendige gemeinschaftliche Ausübung einfügen lassen müssen. Jedoch dürfen dem einzelnen Abgeordneten seine Rechte durch diese Ausgestaltung nicht gänzlich entzogen werden. Richtmaß für die Ausgestaltung der Organisation und des Geschäftsgangs muss dabei das Prinzip der Beteiligung aller Abgeordneten bleiben.

---

[180] Siehe hierzu auch *Schmidt*, Staatsorganisationsrecht Rn 462 ff..; *Maurer*, Staatsrecht I § 13 Rn 87 ff.

II. Das Benennungsrecht der Fraktionen

Fraglich ist, ob die Regelung der GO, wonach allein die Fraktionen die einzelnen Ausschussmitglieder benennen, mit diesen Grundsätzen vereinbar ist. Die Fraktionen sind in der heutigen Zeit das typische **politische Gliederungsprinzip** für die Arbeit des Bundestages.[181] Ihre Bildung beruht dabei auf der in Ausübung des freien Mandats getroffenen Entscheidung der Abgeordneten. Daher ist der Bundestag verpflichtet, die Befugnisse der Fraktionen in seiner GO unter Beachtung der Rechte der Abgeordneten festzulegen.

Dabei ist zu beachten, dass ein wesentlicher Teil der Parlamentsarbeit außerhalb des Plenums in den einzelnen Ausschüssen geleistet wird. Diese arbeiten dabei auf die endgültige Beschlussfassung im Plenum hin und nehmen damit zugleich einen Teil des Entscheidungsprozesses entlastend vorweg. Da sie durch diese Aufgabenstellung in die Repräsentation des Volkes einbezogen sind, ist es grds. erforderlich, dass jeder Ausschuss ein verkleinertes Abbild des Plenums darstellt und damit in seiner Zusammensetzung diejenige des Plenums widerspiegelt.

Unter dieser Prämisse ist es im Grundsatz nicht zu beanstanden, dass die Ausschussmitglieder von den einzelnen Fraktionen benannt werden. Hierdurch wird sichergestellt, dass sich die Ausschüsse tatsächlich als verkleinertes Abbild des Plenums darstellen, was sich in Anbetracht der soeben dargestellten Aufgabe der Ausschüsse als grds. notwendig erweist.

---

[181] Das GG erwähnt die Fraktionen nur in Art. 53a S. 2 GG. Regelungen zur Fraktion finden sich zudem in § 45 I AbgG. Das BVerfG geht davon aus, dass Fraktionen für die moderne Parlamentsarbeit unerlässlich sind, sie sind „notwendige Einrichtungen des Verfassungslebens", vgl. BVerfGE 80, 188 (219).

III. Sonderregelung für fraktionslose Abgeordnete?

Problematisch an dieser Regelung ist jedoch, dass fraktionslosen Abgeordneten hierdurch die Mitarbeit an einem Ausschuss fast stets verwehrt bleiben wird. Zwar könnten die Fraktionen auch einen solchen Abgeordneten ernennen, doch wird dies regelmäßig nicht der Fall sein. Damit ist dem fraktionslosen Abgeordneten der Zugang zu einem wesentlichen Teil der parlamentarischen Arbeit verschlossen; es wäre ihm unmöglich, seine eigenen politischen Vorstellungen gerade dort in den Willensbildungsprozess einzubringen, wo sie bei der gegebenen Arbeitsorganisation des Parlaments am ehesten zur Geltung kommen. Daher wird dem fraktionslosen Abgeordneten durch die GO-Regelung im Ergebnis die Ausübung seiner mitgliedschaftlichen Rechte in einer Weise beschnitten, die sein Recht aus Art. 38 I 2 GG verletzt. Jeder Abgeordnete hat mithin einen **Anspruch darauf, zumindest in einem Ausschuss mitzuwirken**.

Das Recht einen Ausschuss seiner Wahl zugeteilt zu bekommen steht ihm indes nicht zu, da dies einer Privilegierung des fraktionslosen Abgeordneten gleichkommen würde und zudem eine gleichmäßige Besetzung der Bundestagsausschüsse erschweren würde. Es ist daher lediglich erforderlich, den geäußerten Wünschen nach Möglichkeit nachzukommen.

In dem Ausschuss selbst muss der Abgeordnete zudem die Möglichkeit haben, durch das Einbringen von Argumenten die Sachdiskussion zu befruchten. Er hat daher, wie alle anderen Angeordneten auch, ein **Rede- und Antragsrecht**. Demgegenüber wird man ihm ein Stimmrecht nicht zubilligen können. Im Gegensatz zu den anderen Ausschussmitgliedern, die jeweils eine ganze Fraktion vertreten, spricht der fraktionslose Abgeordnete allein für sich. Er hat also auf die Beschlussempfehlung nicht den gleichen Einfluss, wie die Ausschussmitglieder, die auch für andere Abgeordnete sprechen.

Durch ein Stimmrecht würde die Stimme eines solchen Abgeordneten somit **überproportional wirken** und könnte bestehende Mehrheitsverhältnisse im Ausschuss in Frage stellen. Zudem kann der Abgeordnete sein Stimmrecht wie jedes andere Mitglied selbstverständlich weiterhin im Gesetzgebungsverfahren geltend machen, wenn er in zweiter Lesung Änderungsanträge stellt und für die von ihm für richtig gehaltene Fassung der Vorlage im Plenum stimmt. Es ist damit festzuhalten, dass der fraktionslose Abgeordnete zwar Anspruch auf einen Sitz in einem Ausschuss mit Rede- und Antragsrecht hat. Er ist jedoch nicht als stimmberechtigt anzusehen.

Hinweis: An dieser Stelle ist sicherlich auch eine andere Ansicht vertretbar. Mit Rücksicht auf den Grundsatz der Gleichberechtigung der Abgeordneten könnte insoweit auch das Erfordernis eines Stimmrechts abgleitet werden. Wiedergegeben ist hier jedoch im Wesentlichen die Ansicht des BVerfG (E 80, 188). Siehe auch *Maurer*, Staatsrecht I, § 13 Rn 108.

IV. Ergebnis zur Begründetheit

Durch den Verlust des Sitzes im Europaausschuss des Bundestags durch die Neubenennung des Abgeordneten B durch die Fraktion F wurden die Rechte der A damit nicht verletzt. Jedoch hätte der Bundestag dafür Sorge tragen müssen, dass sie die Möglichkeit erhält, in einem anderen Ausschuss ihre Arbeit als Abgeordnete zu verrichten. Da die Regelung der GO diese Sondersituation nicht berücksichtigt, ist festzustellen, dass sie insoweit die Rechte der A verletzt und damit als verfassungswidrig anzusehen ist. **Insoweit** wäre ein Organstreit **begründet**.

C. Endergebnis

Ein Organstreit der A wäre zulässig und im dargelegten Umfang auch begründet.

Vertiefung Fall 4: Die Rechtsstellung des Abgeordneten

1. Das freie Mandat

Gemäß Art. 38 I 2 GG sind die Abgeordneten Vertreter des ganzen Volkes und an Aufträge und Weisungen nicht gebunden. Damit ist an dieser Stelle das „**freie Mandat**" des Abgeordneten niedergelegt. Verbindlicher Maßstab für den einzelnen Abgeordneten ist folglich allein das Grundgesetz selbst.[182] Jeder einzelne Abgeordnete ist dazu berufen, an der Arbeit des Bundestages, seinen Verhandlungen und Entscheidungen teilzunehmen. Dabei genießen alle Mitglieder des Bundestages zur Wahrnehmung dieser Aufgabe grds. die gleichen **Rechte und Pflichten**. Aus Art. 38 I 2 GG lassen sich insbesondere die folgenden Rechte des einzelnen Abgeordneten herleiten:[183]

- Rederecht
- Stimmrecht
- Beteiligung am Frage- und Informationsrecht des Parlaments
- Beteiligung an parlamentarischen Wahlen
- Das Recht sich zu Fraktionen zusammenzuschließen
- Mitarbeit in einem Ausschuss.

Zu beachten ist jedoch Folgendes: Die Abgeordnetenrechte bestehen als Mitgliedschaftsrechte. Sie müssen daher aufeinander abgestimmt werden. Die bedingt zugleich, dass eine Beschränkung der Rechte des einzelnen Abgeordneten möglich und auch notwendig ist, um so die Funktionsfähigkeit des Parlaments zu gewährleisten. Diese Ausgestaltung und Abstimmung der einzelnen Abgeordnetenrechte obliegt dem Bundestag selbst, der im Rahmen seiner **Geschäftsordnungsautonomie** (Art. 40 I 2 GG) diesbezügliche Regelungen trifft. Im Rahmen einer Klausurbearbeitung zu diesem Thema wird es daher regelmäßig um die Kollision des **freien Mandats** auf der einen und der **Funktionsfähigkeit des Parlaments** auf der anderen Seite gehen, die der Bearbeiter im Wege der **praktischen Konkordanz** auflösen soll. Dabei ist zu berücksichtigen, dass die Regelungen der Geschäftsordnung keinesfalls dem einzelnen Abgeordneten seine aus Art. 38 I 2 GG resultierenden Rechte gänzlich entziehen dürfen.

Ein weiteres häufig auftretendes Problem ist das Verhältnis des Art. 38 I 2 GG zu Art. 21 GG, der die **Parteien** als Teil der politischen Willensbildung grds. anerkennt. Auch diese Rechte können in ein gewisses **Spannungsverhältnis** geraten.[184] Dabei ist die besondere Bedeutung des Art. 38 I 2 GG, der die Freiheit und Unabhängigkeit der Abgeordneten sichern soll, zu beachten. Daher wäre es nicht zulässig, etwa das Bundestagsmandat an die fortdauernde Parteizugehörigkeit zu koppeln, selbst wenn man

---

[182] *Maurer*, Staatsrecht I, § 13 Rn 60.
[183] Siehe hierzu auch BVerfGE 80, 188, 218.
[184] *Maurer*, Staatsrecht I, § 3 Rn 63.

durchaus sagen könnte, dass der einzelne Abgeordnete in gewisser Weise sein Mandat der Partei, auf dessen Liste er kandidieren durfte verdankt. Dies wäre eine zu starke Beschränkung des freien Mandats.[185]

Immer wieder problematisch ist zudem die Frage der **Fraktionsdisziplin** bzw. des **Fraktionszwangs**. Fraktionszwang ist dabei die Verpflichtung des Abgeordneten, in der Weise abzustimmen, wie es die Fraktion per Mehrheitsentscheid beschlossen hat. Eine solche Regelung verstößt klar gegen die Regelung des Art. 38 I 2 GG. Damit war auch das **Rotationsprinzip**, welches die Grünen teilweise praktizierten, mit dem freien Mandat nicht vereinbar. Danach sollten sich die Abgeordneten verpflichten, bereits nach der Hälfte der Wahlperiode auf ihr Mandat zu verzichten. Eine solche Vereinbarung ist wegen des Verstoßes gegen Art. 38 I 2 GG unwirksam und nichtig. Demgegenüber wird das Bemühen einer Fraktion um ein gewisses einheitliches Auftreten im Parlament – sog. Fraktionsdisziplin – für zulässig gehalten. Diese ist grds. rechtlich unverbindlich. Zulässig ist es jedoch, wenn ein Abgeordneter, der sich ständig der Fraktionsdisziplin widersetzt, letztlich aus der Fraktion ausgeschlossen wird.[186] Ein Mandatsverlust ist damit jedoch keinesfalls verbunden.

Neben diesen Rechten bestehen daneben auch einige Pflichten des einzelnen Abgeordneten. Hierzu gehört zunächst die grds. Mitwirkungs- und Anwesenheitspflicht sowie die Verschwiegenheitsverpflichtung. Zudem hat der Bundestag gemäß § 44a AbgG weitere Verhaltenregeln für die Abgeordneten festgelegt (z.B. bestimmte Offenlegungsverpflichtungen).

2. Die Rechte des Abgeordneten aus Art. 46 I, II GG

In Art. 46 I, II GG finden sich weitere Rechte des Abgeordneten. Danach genießt dieser zunächst die sogenannte **Indemnität**, d.h. der Abgeordnete darf zu keiner Zeit wegen seiner Abstimmung oder einer Äußerung, die er im Bundestage getan hat, gerichtlich oder dienstlich verfolgt werden. Sachlich sind folglich allein Tätigkeiten innerhalb des Bundestages erfasst, zeitlich beginnt dieser Schutz mit dem Erwerb des Mandats. Er endet jedoch nicht mit dem Verlust des Mandats. Auch wenn dieses verloren geht, kann demnach der Abgeordnete für einmal getätigte Äußerungen nicht zur Rechenschaft gezogen werden. Die Regelung der Indemnität dient der **Funktionsfähigkeit des Parlaments**.[187]

---

[185] Demgegenüber ist die Regelung des § 46 I Nr. 5 BWahlG, wonach ein Abgeordneter sein Mandat verliert, sofern das BVerfG die Partei, die ihn aufgestellt hatte, für verfassungswidrig erklärt, nach Auffassung des BVerfG verfassungsgemäß (E 2, 1, 73 f.). Begründet wird dies mit der Überlegung, dass Art. 21 II GG, seinen Zweck – nämlich verfassungswidriges Gedankengut aus dem politischen Prozess fernzuhalten – ansonsten nicht erreichen würde. Dies könne nur wirksam sichergestellt werden, wenn Abgeordnete, die das Gedankengut der Partei teilen, aus dem Parlament entfernt würden.

[186] Zum Fraktionsausschluss *Schmidt*, DÖV 2003, 845.

[187] *Jarass/Pieroth*, Art. 46 GG Rn 2.

Kritik soll nicht durch Drohung mit straf- oder zivilrechtlichen Konsequenzen verhindert werden.[188] Die **Immunität** des Abgeordneten (Art. 46 II GG) hat zur Folge, dass dieser für eine mit Strafe bedrohte Handlung nur mit Genehmigung des Parlaments zur Verantwortung gezogen werden darf. Erfasst sind damit alle Handlungen, auch wenn sie außerhalb des Bundestages vorgenommen werden. Zeitlich ist dieser Schutz auf die Dauer des Mandats beschränkt. Dies folgt bereits aus der Schutzrichtung des Art. 46 II GG: Dieser will die **Funktionsfähigkeit des aktuellen Parlaments** erhalten.[189] Daher soll der Exekutive nicht die Möglichkeit eröffnet werden, einzelne „unbequeme" Abgeordnete durch Verhaftungen von den Beratungen fernzuhalten. Wenn das Mandat des Einzelnen endet, ist dieser ohnehin kein Mitglied des Parlaments mehr, so dass dann die Funktionsfähigkeit des Parlaments nicht mehr beeinträchtigt werden kann.

3. Die Rechte aus Art. 48 III GG

Aus Art. 48 III 1GG schließlich folgt das Recht auf eine **angemessene Entschädigung**. Aus dem Grundsatz der Gleichheit der einzelnen Abgeordneten folgt dabei, dass die Höhe der Entschädigung grds. für alle gleich hoch zu bemessen ist. Ansonsten entstünde die Gefahr einer „**Abgeordnetenlaufbahn**", die die Unabhängigkeit zu stark beeinträchtigen würde.[190] Jedoch kommt dem Bundestag über die weit reichende Parlamentsautonomie die Befugnis zu, zur Erhaltung seiner Funktionsfähigkeit in engen Grenzen gewisse Ausnahmen vorzusehen, sofern diese zur Schaffung oder Erhaltung der Arbeitsfähigkeit zwingend geboten sind. Zulässig sind danach Funktionszulagen für Fraktionsvorsitzende (als „Schaltstellen der Macht"), sowie für den Präsidenten und dessen Stellvertreter. Darüber hinausgehende Zulagen (etwa für Ausschussvorsitzende) sind indes mit Art. 38 I 2 GG nicht zu vereinbaren.

Daneben haben die Abgeordneten aus Art. 48 III 2 GG einen **Beförderungsanspruch** für die Verkehrsmittel des Bundes. Über das Abgeordnetengesetz sind aber letztlich fast alle Verkehrsmittel erfasst.

---

[188] *Ipsen*, Staatsrecht I Rn 293.
[189] Zu der interessanten Frage, ob der einzelne Abgeordnete gegen die Aufhebung seiner Immunität gerichtlich vorgehen kann, siehe BVerfGE 104, 310. Dazu auch *von Rux*, JA 2002, 552.
[190] BVerfG NJW 2000, 3771. Siehe auch den Fall 5 „Der ungleiche Abgeordnete", in: *Kisker/Höfling*, Fälle zum Staatsorganisationsrecht.

FALL 5: MÜRRISCHER MINISTER

Bereits seit längerer Zeit ist auf Bundesebene die Einführung einer LKW-Maut beschlossen. Mit der Durchführung dieses Projekts wurde der für diesen Bereich zuständige Verkehrsminister S beauftragt. Dieser führt auch entsprechende Verhandlungen mit größeren deutschen Unternehmen, die sich zur Entwicklung eines solchen Systems bereit erklären. Im weiteren Verlauf kommt es indes immer wieder zu Verzögerungen, so dass das Maut-System nicht zum vereinbarten Termin fertiggestellt werden kann. Auch Nachverhandlungen führen zu keinem Ergebnis, weshalb der Bund Einnahmeausfälle in Millionenhöhe hinnehmen muss. Der Bundeskanzler ist über diese Entwicklung höchst unzufrieden. Auch in der Bevölkerung macht sich immer mehr Verärgerung über diese Situation breit.

Der Bundeskanzler will daher handeln. Er macht die mangelnde Koordinationsfähigkeit des Verkehrsministers S für die Situation verantwortlich und schlägt diesem daher vor, im Verkehrsministerium eine besondere Abteilung zu errichten, die sich nur mit dem Problem LKW-Maut beschäftigt. S will sich indes vom Bundeskanzler nicht in „seine Angelegenheiten" hereinreden lassen und weist den Vorschlag daher energisch zurück. Daraufhin richtet der Bundeskanzler folgendes Schreiben an S:

„Hiermit mache ich in der Angelegenheit LKW-Maut von meiner Richtlinienkompetenz Gebrauch und errichte durch diese Verfügung eine besondere Abteilung „LKW-Maut" im Verkehrsministerium."

S will dies nicht hinnehmen. Er will daher vor dem BVerfG gegen die Verfügung des Bundeskanzlers vorgehen.

Hat ein Verfahren vor dem BVerfG Aussicht auf Erfolg?

90

Lösung Fall 5: Mürrischer Minister

Vorüberlegung: Die Frage zielt erneut auf die Erfolgsaussichten eines Verfassungsprozesses. Damit ist der Aufbau der Klausurlösung erneut vorgegeben: A. Zulässigkeit, B. Begründetheit.

Der Verkehrsminister S möchte gegen die Verfügung des Bundeskanzlers vor dem BVerfG vorgehen. In Betracht kommt hier ein **Organstreitverfahren** gemäß Art. 93 I Nr. 1 GG, §§ 13 Nr. 5, 63 ff. BVerfGG. Dieses hat Aussicht auf Erfolg, soweit es zulässig (A.) und begründet (B.) ist.

A. Zulässigkeit

Das Organstreitverfahren müsste zulässig sein.

I. Parteifähigkeit

Sowohl der Antragsteller als auch der Antragsgegner müssten parteifähig sein. Die Parteifähigkeit richtet sich dabei nach § 63 BVerfGG.

Merke: Beim Organstreitverfahren handelt es sich um ein kontradiktorisches Streitverfahren. Damit müssen sowohl der Antragsteller als auch der Antragsgegner parteifähig sein.

Parteifähig sind danach oberste Bundesorgane sowie die im Grundgesetz oder in den Geschäftsordnungen des Bundestages und des Bundesrates mit eigenen Rechten ausgestatteten Organteile.

Hinweis: Im Folgenden wird die Parteifähigkeit des Antragstellers und des Antragsgegners jeweils in einem eigenen Gliederungspunkt geprüft. Dies empfiehlt sich insbesondere dann, wenn sich die Parteifähigkeit für eine oder beide Seiten als problematisch erweist. Ansonsten kann diese durchaus auch zusammen geprüft werden.

---

1. Antragsteller

Antragsteller ist hier der Verkehrsminister S. Als Minister ist dieser Teil des Bundesorgans Bundesregierung, vgl. Art. 62 GG. Zudem sind alle Minister über Art. 65 I GG auch durch das GG mit eigenen Rechten ausgestattet. Bundesminister sind damit im Organstreitverfahren antragsberechtigt.[191] Damit ist auch S antragsberechtigt.

2. Antragsgegner

S wendet sich hier gegen die Verfügung des Bundeskanzlers. Dieser ist damit als Antragsgegner anzusehen. Auch der Bundeskanzler ist gemäß Art. 62 GG Teil der Bundesregierung und durch das GG insbesondere in Art. 65 GG mit eigenen Rechten ausgestattet. Er ist damit im Organstreitverfahren antragsberechtigt.

> **Hinweis**: Es handelt sich hier also um einen Organstreit innerhalb eines Bundesorgans, sog. Intra-Organstreit.

II. Antragsgegenstand

S müsste sich gegen einen zulässigen Antragsgegenstand wenden. Zulässiger Antragsgegenstand sind gemäß § 64 I BVerfGG alle rechtserheblichen Maßnahmen oder Unterlassungen des Antragsgegners,[192] in diesem Fall also solche des Bundeskanzlers. Hier wendet sich der S gegen die Verfügung des Bundeskanzlers. Diese ist auch rechtserheblich, da sie die Organisationsstruktur des Bundesverkehrsministeriums ändert, indem dadurch eine eigene Abteilung „LKW-Maut" eingerichtet wird. Damit handelt es sich bei der Verfügung um einen zulässigen Antragsgegenstand.

---

[191] BVerfGE 67, 100 (126 f.). Siehe auch *Schlaich/Korioth*, Das Bundesverfassungsgericht Rn 88.
[192] Siehe nur *Schlaich/Korioth*, Das Bundesverfassungsgericht Rn 93.

> **Zur Erinnerung**: Es ist überaus wichtig an dieser Stelle den Antragsgegenstand genau herauszuarbeiten, da es bei der Prüfung der Antragsbefugnis nur auf eine mögliche Verletzung der Rechte des Antragstellers durch den konkreten Antragsgegenstand ankommt!

III. Antragsbefugnis

S müsste gemäß § 64 I BVerfGG zudem antragsbefugt sein. Er müsste demnach geltend machen können, dass er[193] durch die Verfügung des Bundeskanzlers in seinen ihm vom GG übertragenen Rechten und Pflichten verletzt ist. Nach dem Vortrag des S müsste eine solche Verletzung zumindest als möglich erscheinen. Hier wird durch die Verfügung die Organisation des Bundesverkehrsministeriums unmittelbar verändert. Grds. obliegt indes die Organisation der einzelnen Ministerien nach dem in Art. 65 S. 2 GG genannten **Ressortprinzip** den jeweiligen Ministern. Diese leiten danach ihren Geschäftsbereich selbständig und in eigener Verantwortung. Es erscheint daher nach dem Vortrag des S nicht ausgeschlossen, dass die Verfügung des Bundeskanzlers dieses Ressortleitungsrecht des S aus Art. 65 S. 2 GG verletzt hat. Damit ist S auch antragsbefugt.

IV. Form/Frist

Gemäß § 64 III BVerfGG beträgt die Frist **sechs Monate** nach Bekanntwerden der Maßnahme oder Unterlassung. Die Form richtet sich nach § 23 und § 64 II BVerfGG. Danach ist der Antrag schriftlich einzureichen und zu begründen. Zudem müsste S Art. 65 S. 2 GG als möglicherweise verletzte Bestimmung des GG in seiner Begründung ausdrücklich aufführen.

---

[193] Oder das Organ, welchem er angehört (Prozessstandschaft).

V. Ergebnis

Ein Organstreitverfahren des S wäre zulässig.

B. Begründetheit

Das Organstreitverfahren wäre auch begründet, wenn S durch die Verfügung des Bundeskanzlers tatsächlich in seinen Rechten aus Art. 65 S. 2 GG verletzt wurde.

I. Inhalt des Art. 65 GG

> **Tipp**: Bei einer Fragestellung wie im vorliegenden Fall empfiehlt es sich, zunächst den abstrakten Inhalt der relevanten Norm darzustellen, um so das Kernproblem des Falles (hier der Konflikt zwischen Richtlinien- und Ressortkompetenz) deutlich zu machen. Dieses Vorgehen hilft auch dem Korrektor, den Überblick zu wahren.

Art. 65 GG regelt die **Kompetenzverteilung** innerhalb des Kollegialorgans Bundesregierung.[194] Insgesamt beinhaltet Art. 65 GG drei Prinzipien, die miteinander in Konflikt geraten können.[195] Genannt wird zunächst die sogenannte **Richtlinienkompetenz**[196] des Bundeskanzlers. Danach bestimmt dieser die Richtlinien der Politik und trägt dafür auch die Verantwortung. Demgegenüber leitet jeder Minister seinen Geschäftsbereich innerhalb dieser Richtlinien selbständig und unter eigener Verantwortung. Dieses **Ressortprinzip**[197] sichert u.a. die organisatorische Unabhängigkeit der Bundesminister, die in diesem Bereich keinen Weisungen des Bundeskanzlers oder des Kabinetts unterworfen sind. Als letztes Prinzip nennt Art. 65 GG noch das **Kollegialprinzip**, wonach bestimmte Entscheidungen von allen Mitgliedern der Bundesregierung gemeinsam getroffen werden

---

[194] *Oldiges*, in: Sachs, Art. 65 GG Rn 1.
[195] *Maurer*, Staatsrecht I, § 14 Rn 46.
[196] Ausführlich zu dieser *Maurer*, Die Richtlinienkompetenz des Bundeskanzlers, FS Thieme, 1993, S. 323.
[197] Dazu *Ipsen*, Staatsrecht I Rn 449 ff.

müssen. In diesem Fall stellt sich damit konkret die Frage, ob die Verfügung des Bundeskanzlers noch von dessen Richtlinienkompetenz gedeckt ist oder ob hierin bereits ein unzulässiger Eingriff in die Ressortzuständigkeit des S liegt. Zur Beantwortung dieser Frage soll zunächst der Inhalt der Richtlinienkompetenz geklärt werden (II.) bevor auf die Begrenzungen derselben durch die Ressortzuständigkeit eingegangen wird (III.).

II. Richtlinienkompetenz des Kanzlers

Gemäß Art. 65 S. 1 GG bestimmt der Bundeskanzler die Richtlinien der Politik und trägt hierfür die Verantwortung. Fraglich ist insoweit was unter den Begriff der „Richtlinie" fällt. Problematisch ist dabei vor allem, inwieweit der Bundeskanzler unter Berufung auf eben diese Kompetenz auch konkrete Einzelentscheidungen – hier die Organisationsverfügung – treffen darf. Grds. wird man unter den Begriff der Richtlinie allein **die allgemeinen Grundsätze und die programmatischen Direktiven des Handelns** fassen können.[198] So deutet bereits der Begriff der Richtlinie auf eine gewisse Ausfüllungsbedürftigkeit hin, die durch die Adressaten nach eigenem Ermessen durchzuführen ist. Beschränkt man Art. 65 S. 1 GG mit dieser Argumentation auf solche generellen Leitlinien, läge in der Verfügung folglich ein unzulässiger Eingriff in die Ressortzuständigkeit des S.

Bei der Auslegung des Art. 65 S. 1 GG muss indes beachtet werden, dass allein der Bundeskanzler unmittelbar gegenüber dem Parlament die Verantwortung für die Politik des Bundes trägt. Nur ihm ist die Führung der Regierungsgeschäfte vom GG übertragen, weshalb auch allein er durch ein konstruktives Misstrauensvotum gemäß Art. 67 GG seines Amtes enthoben werden kann. Wenn damit die Verfassung allein dem Bundeskanzler die Verantwortung überträgt, dann muss sie ihm auch die Möglichkeit geben, sämtliche Politikbereiche in einem Maße zu beeinflussen, das es

---

[198] *Maurer*, Staatsrecht I, § 14 Rn 47; *ders.* Die Richtlinienkompetenz des Bundeskanzlers, in: FS Thieme, 1993, 323 (332); *Jarass/Pieroth*, Art. 65 Rn 3.

gestattet, ihn tatsächlich als Gesamtverantwortlichen anzusehen.[199] Damit ist es erforderlich, dass der Bundeskanzler
in **Fällen von besonderer Bedeutung für die Staatsleitung** auch **Einzelfragen** unter Berufung auf seine Richtlinienkompetenz entscheiden kann und muss. Die Beurteilung, wann eine solche besondere Bedeutung für die Staatsleitung gegeben ist, fällt dabei grds. ebenfalls in die Kompetenz des Bundeskanzlers, dem insoweit ein relativ weiter **Er-
messensspielraum** zukommt. Lediglich dann, wenn seine
Einschätzung offensichtlich fehlsam erscheint, liegt in diesen
Fällen ein Eingriff in die Ressortzuständigkeit des jeweiligen
Ministers vor.

Wendet man diese Maßstäbe auf den vorliegenden Fall an,
so wird man die Einschätzung des Bundeskanzlers, im Bereich der LKW-Maut eine Einzelfallentscheidung zu treffen,
nicht als offensichtlich fehlsam ansehen können. Die Probleme mit der LKW-Maut haben bereits zu großer Verärgerung
in der Bevölkerung geführt, die letztlich auf den Bundeskanzler zurückfallen wird. Der Bundeskanzler hat also hier
die grds. Möglichkeit einer Einzelweisung.

III. Begrenzung des Richtlinieninhalts durch die Ressortkompetenz

Fraglich ist indes, ob die „Einzelfallentscheidungsbefugnis"
des Kanzlers soweit geht, dass dieser selbst die Errichtung
einer besonderen Abteilung im Verkehrsministerium be-
schließen kann. Problematisch ist insoweit, dass der Bundeskanzler gewissermaßen in das Ressort des S „hinein-
regiert". Er tritt quasi selbst an die Stelle des Ministers und
kann diesen vollständig umgehen. In einem solchen Fall
kann von einer Eigenverantwortung des Ministers damit keine Rede mehr sein. Auch wenn die Ressortkompetenz stets
unter Beachtung der Richtlinien des Kanzlers ausgeübt
werden muss, kann dies nicht dazu führen, dass die Verantwortung des Ministers für sein Ressort vollständig aus-

---

[199] *Kisker/Höfling*, Fälle zum Staatsorganisationsrecht, S. 71; *Oldiges*, in: Sachs,
Art. 65 Rn 14.

gehöhlt wird. Damit muss also die Inanspruchnahme der Richtlinienkompetenz von ihrem Vollzug streng unterschieden werden. Die verwaltungsmäßige Umsetzung der entsprechenden Richtlinie muss stets beim einzelnen Minister bleiben. Dieser letzte Verantwortungsbereich ist dem Minister als **Kernbereich der Ressortkompetenz** unentziehbar verliehen, da die einzelnen Ministerien ansonsten zur bloßen Vollzugsinstanz der Politik des Bundeskanzlers verkommen würden. Kommt der Minister mithin einer Richtlinie nicht in der Weise nach, wie es der Bundeskanzler gerne hätte, bleibt diesem allein die Ersetzung des jeweiligen Ministers durch einen neuen Minister, also die Umbildung des Kabinetts. Eine solche Maßnahme kann der Bundeskanzler jederzeit und ohne weitere Begründung vornehmen,[200] während ihm ein Selbsteintrittsrecht nicht zusteht.

Merke: Eine solche Möglichkeit muss der Bundeskanzler haben, da allein er die Verantwortung für die Politik trägt. Es wäre ihm daher nicht zumutbar mit einem Minister zusammenzuarbeiten, der den Richtlinien nicht in einer Weise nachkommt, die seinen Wünschen entspricht, vgl. Art. 64 I GG.

IV. Ergebnis

Die Verfügung des Bundeskanzlers, durch die dieser selbst eine Abteilung LKW-Maut im Verkehrsministerium errichtet hat, verletzt S in seinen Rechten aus Art. 65 S. 2 GG. Es verbleibt hierdurch keinerlei eigenständiger Verantwortungsbereich des S mehr, der diesem jedoch unentziehbar durch Art. 65 S. 2 GG verliehen ist.

C. Gesamtergebnis

Ein Organstreitverfahren des S ist zulässig und auch begründet. Es ist ihm daher zu raten, ein solches Verfahren einzuleiten.

---

[200] Siehe nur Art. 64 I GG. Zu dieser Norm *Maurer*, Staatsrecht I, § 14 Rn 20.

FALL 6: DER EINSAME ABGEORDNETE DER „MONTAGS-DEMO-PARTEI"

Die „Montags-Demo-Partei" hat bei den letzten Bundestagswahlen ein Direktmandat und 4,8 % der Wählerstimmen errungen. Trotz dieses für die junge Partei überaus erfolgreichen Wahlergebnisses ist sie zur Überraschung der Parteiführung nur mit dem direkt gewählten Abgeordneten A im Bundestag vertreten.

Vom Rechtsexperten der „Montags-Demo-Partei" erfährt die Parteiführung schließlich den Grund für die Einsamkeit ihres direkt gewählten Kandidaten im Parlament. Ursächlich hierfür ist die 5 %-Sperrklausel des § 6 III Bundeswahlgesetz (BWG), die eine Berücksichtigung der für die „Montags-Demo-Partei" abgegebenen Stimmen bei der Sitzverteilung verhindert hat.

Die Parteiführung ist entrüstet und hält den § 6 III BWG klar für verfassungswidrig. Eine Sperrklausel in dieser Höhe sei mit der grundgesetzlich verankerten Wahlrechtsgleichheit nicht zu vereinbaren. Die Partei findet bei der Landesregierung des Bundeslandes S, wo die „Montags-Demo-Partei" bereits mit in der Regierung sitzt, Unterstützung. Auch die Landesregierung hält § 6 III BWG für verfassungswidrig und entschließt sich, hiergegen vor das BVerfG zu ziehen.

Aufgabe: Beurteilen Sie die Erfolgsaussichten dieses Vorhabens.

LÖSUNG FALL 6: DER EINSAME ABGEORDNETE

In Betracht kommt ein abstraktes Normenkontrollverfahren nach Art. 93 I Nr. 2 GG i.V.m. §§ 13 Nr. 6, 76 ff. BVerfGG vor dem Bundesverfassungsgericht. Dieses hat Aussicht auf Erfolg, soweit es zulässig (A) und begründet (B) ist.

A. Zulässigkeit

Die abstrakte Normenkontrolle müsste zunächst zulässig sein.

I. Antragsberechtigung

Die Landesregierung ist gem. Art. 93 I Nr. 2 GG, § 76 I BVerfGG antragsberechtigt.

Merke: Da es sich bei der abstrakten Normenkontrolle um ein objektives Rechtsbeanstandungsverfahren und nicht um ein kontradiktorisches Verfahren handelt, gibt es anders als beim Organstreitverfahren oder Bund-Länder-Streitverfahren keinen Antragsgegner.

II. Antragsgegenstand

Tauglicher Antragsgegenstand ist gemäß Art. 93 I Nr. 2 GG, § 76 BVerfGG Bundes- oder Landesrecht. Zum Bundesrecht zählen auch formelle Bundesgesetze, wie das Bundeswahlgesetz. Der § 6 III BWG ist daher ein zulässiger Antragsgegenstand.

III. Antragsgrund

Gemäß Art. 93 I Nr. 2 GG müssen beim Antragsteller Meinungsverschiedenheiten oder Zweifel über die Verfassungsmäßigkeit des Antragsgegenstandes bestehen. Hier zweifelt die Landesregierung nicht nur an der Verfassungsmäßigkeit des § 6 III BWG, sie hält diese Vorschrift sogar für verfassungswidrig und damit für nichtig, so dass auch die Vorgabe des § 76 I Nr. 1 BVerfGG erfüllt ist.

Auf das Verhältnis dieser Vorschrift zu Art. 93 I Nr. 2 GG muss daher nicht eingegangen werden.

Achtung: Wenn ein Problem für die Falllösung nicht von Relevanz ist (hier das Verhältnis § 76 I BVerfGG/Art. 93 I Nr. 2 GG), darf es in der Falllösung auch nicht „lang und breit" angesprochen werden. Wenn Sie dennoch zeigen wollen, dass Ihnen das Problem bekannt ist, können Sie es jedoch beiläufig in einem Satz ansprechen.

IV. Form und Frist

Eine Frist existiert für das abstrakte Normenkontrollverfahren nicht. Der Antrag müsste aber gem. § 23 I BVerfGG schriftlich und begründet eingereicht werden.

V. Ergebnis

Eine abstrakte Normenkontrolle der Landesregierung wäre zulässig.

B. Begründetheit

Die abstrakte Normenkontrolle wäre begründet, wenn § 6 III BWG formell und/oder materiell mit dem GG unvereinbar ist.

I. Formelle Verfassungsmäßigkeit

1. Zuständigkeit

Die Gesetzgebungszuständigkeit des Bundes ergibt sich für das Bundeswahlrecht aus Art. 38 III GG.

2. Verfahren/Form

Aus dem Sachverhalt lassen sich keine Hinweise dafür entnehmen, dass bei Erlass des § 6 III BWG gegen eine Verfahrens- oder Formvorschrift des GG verstoßen wurde.

3. Ergebnis

Das Gesetz ist formell mit dem GG vereinbar.

II. Materielle Verfassungsmäßigkeit

Fraglich ist, ob das Gesetz materiell verfassungsgemäß ist.

1.Verletzung eines der Wahlrechtsgrundsätze aus Art. 38 I S. 1 GG

Die in § 6 III BWG normierte 5 %-Sperrklausel könnte gegen einen der in Art. 38 I S. 1 GG niedergelegten Wahlrechtsgrundsätze verstoßen und daher materiell verfassungswidrig sein. Nach Art. 38 I S. 1 GG werden die Abgeordneten in allgemeiner, freier, gleicher und geheimer Wahl gewählt.

a) Verletzung des Wahlrechtsgrundsatzes der Gleichheit der Wahl

Hier könnte § 6 III BWG den Wahlrechtsgrundsatz der Gleichheit der Wahl verletzen. Die Gleichheit der Wahl hat dabei eine zweifache Bedeutung. Zum einen muss jede abgegebene Stimme gleichermaßen als eine Stimme zählen, d.h. die **Zählwertgleichheit** der Stimmen muss gewährleistet sein. Zum anderen beinhaltet der Grundsatz der Gleichheit der Wahl aber auch die **Erfolgswertgleichheit** der Stimmen.

Erfolgswertgleichheit bedeutet, dass jede Stimme gleiches Gewicht für die Zusammensetzung des Parlaments haben muss.[201] § 6 III BWG ändert nichts an dem Zählwert der Stimmen. Ein Verstoß gegen die Zählwertgleichheit liegt somit nicht vor. Die Sperrklausel des § 6 III BWG führt allerdings dazu, dass die Stimmen, die für eine der unter die 5 %-Hürde fallenden Parteien abgegeben werden, nicht zu einem Bundestagsmandat führen und somit im Ergebnis

---

[201] Vgl. *Ipsen*, Staatsrecht I Rn 93 ff.

keinen Erfolg haben. Insofern wird der Erfolgswert der Stimmen durch 6 III BWG unterschiedlich gewichtet.

> **Merke:** Bei einer Verhältniswahl mit einer Sperrklausel ist also eine Erfolgswertgleichheit der Stimmen nicht in jedem Fall gegeben. Gleiches gilt für die Mehrheitswahl, da hier den Stimmen, die für die unterlegenen Kandidaten im Wahlkreis abgegeben werden, keine Bedeutung und daher auch kein Erfolgswert zukommt.

b) Verfassungsrechtliche Rechtfertigung

Diese ungleiche Gewichtung des Erfolgswertes könnte jedoch verfassungsrechtlich gerechtfertigt sein, so dass § 6 III BWG doch im Einklang mit dem GG steht. Allerdings ist der Grundsatz der Gleichheit der Wahl streng und formal zu verstehen und lässt daher nur einen eng bemessenen Spielraum für Differenzierungen zu, die stets eines zwingenden Grundes bedürfen.[202]

In diesem Zusammenhang ist zu bedenken, dass ein Verhältniswahlrecht mit einer strikt durchgesetzten Wahlrechtsgleichheit zur Konsequenz hätte, dass eine Vielzahl kleinerer Splitterparteien in den Bundestag einziehen könnte. Die hieraus resultierende „Aufsplitterung" des Parlaments in eine Vielzahl kleinerer Fraktionen oder Gruppen würde die Bildung einer stabilen Regierungsmehrheit jedoch erheblich erschweren. Die Handlungs- und Entscheidungsfähigkeit des Parlaments wäre stark eingeschränkt.

Gerade dies verhindert die Sperrklausel des § 6 III BWG. Durch die 5 %-Hürde wird einer Zersplitterung des Parteiensystems entgegengewirkt und die Handlungs- und Entscheidungsfähigkeit des Parlaments gesichert. Die aus § 6 III BWG resultierende unterschiedliche Gewichtung der Stimmen bei den Wahlen zum Deutschen Bundestag ist somit verfassungsrechtlich gerechtfertigt.[203]

---

[202] BVerfGE 51, 222, 234.
[203] So auch BVerfGE 82, 322, 338.

§ 6 III BWG verstößt daher nicht gegen den Grundsatz der Gleichheit der Wahl aus Art. 38 I S. 1 GG.

Merke: Im Ergebnis garantiert der Grundsatz der Wahlrechtsgleichheit aus Art. 38 I S. 1 GG nach der Rspr. des BVerfG daher neben der Zählwertgleichheit nur die **gleiche Erfolgschance** jeder einzelnen Stimme.[204]

---

2. Verstoß gegen die Chancengleichheit der Parteien gem. Art. 21 I GG i.V.m. Art. 38 I S. 1 GG

§ 6 III BWG könnte ferner gegen die durch Art. 21 I S. 2 iVm Art. 38 I S. 1 GG verfassungsrechtlich gewährleistet Gleichheit der Parteien verstoßen.[205] Die Parteien müssen im politischen Prozess die gleichen Möglichkeiten haben, an der Willensbildung mitzuwirken. Gleichheit der Parteien ist daher Chancengleichheit.[206] Das beinhaltet, dass die Parteien grundsätzlich unter den gleichen rechtlichen Bedingungen in den Wahlkampf eintreten.

Die 5 %-Sperrklausel des § 6 III BWG hat nun aber zur Folge, dass die Parteien, die weniger als 5 % der Zweitstimmen erhalten, nicht in den Bundestag einziehen können. Die Stimmen dieser Parteien werden somit gegenüber den Stimmen der Parteien, die die 5 %-Hürde überwinden, ungleich behandelt.

Diese Ungleichbehandlung könnte jedoch ebenfalls verfassungsrechtlich gerechtfertig sein. Entscheidend ist in diesem Zusammenhang, dass die Chancengleichheit der Parteien bei der Wahl die Kehrseite des Grundsatzes der Wahlrechtsgleichheit aus Art. 38 I S. 1 GG ist.

Sie muss deshalb auch unter den gleichen Voraussetzungen eingeschränkt werden können wie die Wahlrechtsgleichheit aus Art. 38 I S. 1 GG (s.o.).

---

[204] Vgl. *Ipsen*, Staatsrecht I Rn. 98.
[205] BVerfGE 82, 322, 337 f.
[206] *Maurer*, Staatsrecht I, § 11 Rn 42.

Folglich ist die Ungleichbehandlung der Parteien durch § 6 III BWG verfassungsrechtlich gerechtfertigt und ein Verstoß gegen Art. 21 I iVm Art. 38 I S. 1 GG ebenfalls zu verneinen.

3. Ergebnis

Der § 6 III BWG ist materiell verfassungsgemäß.

III. Ergebnis Begründetheit

§ 6 III BWG ist formell und materiell verfassungsgemäß. Die abstrakte Normenkontrolle ist deshalb nicht begründet.

C. Gesamtergebnis

Das abstrakte Normenkontrollverfahren ist zwar zulässig, jedoch nicht begründet. Ein entsprechender Antrag hat daher keine Aussicht auf Erfolg.

Hinweis: Das Bundesverfassungsgericht hat mit Urteil vom 26.02.2014 entschieden, dass die 3%-Klausel für die **Wahlen zum Europaparlament** verfassungswidrig ist. Die Sperrklausel verstoße gegen die Grundsätze der Wahlrechtsgleichheit und der Chancengleichheit der Parteien. Als überzeugend erweist sich diese Entscheidung dabei allerdings nicht, auch weil sie die Funktionsweise und Bedeutung des Europäischen Parlaments nicht zutreffend erfasst. Mittlerweile plant das Europäische Parlament das Wahlrecht für die Europawahlen zu vereinheitlichen. Vorgesehen ist dabei auch die Einführung einer Sperrklausel, die dann auch für Deutschland verbindlich wäre.

1. Wahlsysteme

Parlamentswahlen können im Rahmen einer **Mehrheitswahl** oder einer **Verhältniswahl** durchgeführt werden. Möglich ist zudem eine Verbindung beider Wahlsysteme, sog. **personalisierte Verhältniswahl**. Alle Wahlsysteme sind mit Art. 38 I GG vereinbar.[207]

a) Mehrheitswahlrecht

Das Mehrheitswahlrecht setzt die Einteilung des Wahlgebiets in Wahlkreise voraus. Gewählt ist jeweils der Kandidat im Wahlkreis, der die absolute oder relative Mehrheit erringt. Bei einer reinen Mehrheitswahl gibt es damit exakt so viele Wahlkreise wie Mandate. Unterscheiden kann man zudem das **relative** und das **absolute Mehrheitswahlrecht**. Beim relativen Mehrheitswahlrecht gilt derjenige Bewerber als gewählt, der die meisten Stimmen auf sich vereinigen kann, ohne dass es auf ein bestimmtes Quorum ankommen würde.

Dies hat zur Folge, dass bei etwa fünf Bewerbern bereits 20%+1 Stimme ausreichen können, um den Wahlkreis zu gewinnen, sofern sich die übrigen Stimmen gleichmäßig auf die anderen Bewerber verteilen. In so einem Fall haben damit mehr als 70% der Bevölkerung in dem betreffenden Wahlkreis nicht für den späteren Wahlsieger gestimmt.

Solche Ergebnisse vermeidet das absolute Mehrheitswahlrecht. Für einen Wahlsieg ist hier erforderlich, dass einer der Bewerber mindestens 50% +1 Stimme erringt. Da dies bei mehr als zwei Bewerbern im ersten Wahlgang nicht unbedingt gewährleistet ist, findet hier regelmäßig ein zweiter Wahlgang statt, bei dem die beiden erfolgreichsten Bewerber des ersten Durchgangs noch einmal gegeneinander antreten.

Generell lässt sich sagen, dass Mehrheitswahlsysteme die größeren Parteien privilegieren, da die kleineren in der Regel nicht genug Stimmen haben werden, um einen Kandidaten der größeren Parteien zu schlagen. Im Mehrheitswahlsystem wirken sich diejenigen Stimmen, die für einen Bewerber abgegeben wurden, der sich letztlich nicht durchsetzt, auf die Zusammensetzung des Parlaments überhaupt nicht aus. Die Stimmen haben damit zwar den gleichen Zähl- aber zwangsläufig **nicht den gleichen Erfolgswert.**

b) Verhältniswahlrecht

Bei der Verhältniswahl wird jeder Partei oder Gruppe, die an der Wahl teilgenommen hat, ein dem Verhältnis ihrer erreichten Stimmenzahl entsprechender Teil der Sitze im Parlament zugeteilt. Notwendig ist daher

---

[207] BVerfGE 6, 84, 90; *Hesse*, Grundzüge, Rn. 147.

eine mathematische Operation mit der die abgegebenen Stimmen in Mandate umgerechnet werden.

Die in der Vergangenheit am häufigsten verwendete Verteilungsmethode war das **d'Hondtsche System.** Diese Auszählungsmethode begünstigt allerdings in gewissen Konstellationen die größeren Parteien. Im Vordringen ist daher das Verfahren nach **Hare/Niemeyer**, das streng proportional ist. Im Rahmen einer reinen Verhältniswahl gibt es folglich nur einen einzigen „Wahlkreis", nämlich das gesamte Wahlgebiet. Angesichts der strikt proportionalen Zuteilung der Mandate verlangt das Verhältniswahlsystem anders als die Mehrheitswahl neben dem gleichen Zähl- auch den gleichen Erfolgswert der Stimme.

c) Personalisiertes Verhältniswahlecht

Das personalisierte Verhältniswahlrecht ist das für die Bundestagswahl geltende Wahlsystem. Es kombiniert die Elemente der Mehrheitswahl mit denen einer Verhältniswahl. Im Kern stellt dieses Wahlsystem jedoch eine Verhältniswahl dar. Jede Partei erhält mithin grds. einen dem Verhältnis ihrer erreichten Stimmenzahl entsprechenden Anteil an Mandaten. Die 299 Direktmandate sollen von der Konzeption her allein für die Frage der Besetzung dieser Mandate eine Rolle spielen, jedoch an der Anzahl der zugewiesenen Mandate nichts ändern. Daher ist es nicht richtig, wenn oftmals gesagt wird, dass 299 Abgeordnete per Mehrheitswahl und 299 Abgeordnete per Verhältniswahl gewählt werden. Tatsächlich erfolgt die Verteilung aller 598 Mandate von der Idee her **allein nach dem Verhältniswahlrecht.**

Dies ist wichtig für die Frage der Gleichheit der Wahl: Da es sich im Kern um eine Verhältniswahl handelt, müssen die Stimmen grds. neben dem gleichen Zählwert auch den gleichen Erfolgswert aufweisen. Daher bedürfen sowohl die aus der Ausgestaltung des Wahlrechts resultierenden Überhangmandate sowie die 5%-Hürde einer Rechtfertigung, da sie einen Eingriff in die (bei einer Verhältniswahl grds. gebotenen) Erfolgswertgleichheit darstellen.[208]

Die konkrete Berechung der Mandate und deren Verteilung ist aufgrund dieser Vermischung der Systeme etwas kompliziert. Das Verfahren ist ausführlich in § 6 BWahlG erläutert. Eine Darstellung der einzelnen Schritte soll an dieser Stelle nicht erfolgen. Insoweit wird auf die gute Darstellung bei *Ipsen*, Staatsrecht I Rn 104 ff. und *Schmidt*, Staatsorganisationsrecht Rn 121 ff. verwiesen.

---

[208] Das BVerfG hat beide Regelungen gebilligt. Siehe BVerfGE 95, 335 (*Überhangmandate*) und E 51, 222 (*5%-Hürde*).

2. Die Wahlrechtsgrundsätze des Art. 38 I 1 GG[209]

In Art. 38 I 1 GG finden sich die fünf Wahlgrundsätze. Diese gehören nach ganz überwiegender Ansicht auch zum **Kernbestand des Demokratieprinzips** des Art. 20 I GG, sind mithin „verfassungsänderungsfest".[210] Zu beachten ist indes, dass die Ausgestaltung des Wahlrechts von der Verfassung nicht vorgegeben ist (vgl. Art. 38 III GG). Denkbar wäre daher auch die Einführung einer Mehrheitswahl auf Bundesebene. Systembedingt müsste sich der Grundsatz der Gleichheit der Wahl dann auf den gleichen Zählwert beschränken, da der gleiche Erfolgswert bei einer Mehrheitswahl zwangsläufig nicht gewährleistet werden kann (s.o.).

a) Grundsatz: Die Allgemeinheit der Wahl

Allgemein sind Wahlen, wenn grds. alle Bürger an der Wahl teilnehmen können. Verboten ist damit der Ausschluss bestimmter Bevölkerungsgruppen aus politischen, wirtschaftlichen oder sozialen Gründen. Nicht ausgeschlossen sind bestimmte sachlich gebotene Voraussetzungen (etwa Wahlalter, vgl. Art. 38 II GG).

b) Grundsatz: Die Unmittelbarkeit der Wahl

Die Unmittelbarkeit der Wahl ist gegeben, wenn zwischen der Wahlentscheidung und dem Wahlergebnis keine weitere Entscheidung durch andere Personen tritt (ein Wahlmännersystem wie in den USA wäre hier somit nicht möglich).[211]

c) Grundsatz: Die Freiheit der Wahl

Die Freiheit der Wahl verlangt schließlich, dass kein (auch nicht mittelbarer) Zwang oder Druck auf die Entscheidung des Wählers ausgeübt wird. Wahlempfehlungen etwa von Vertretern der Kirche oder der Gewerkschaften sind jedoch zulässig. Umstritten ist, ob eine Wahlpflicht mit dem Grundsatz der freien Wahl vereinbar ist.[212] Richtigerweise dürfte dies der Fall sein, solange bei der Wahl über die Enthaltung die Möglichkeit der Nichtbeteiligung gewahrt bleibt.

d) Geheimheit der Wahl

Die Geheimheit der Wahl stellt die notwendige Ergänzung zur Wahlfreiheit dar (BVerfGE 99, 1, 13). Sie schützt vor der Offenbarung, wie jemand wählen will, wählt oder gewählt hat.[213]

---

[209] Zu den Grundsätzen insgesamt *Maurer*, Staatsrecht I, § 13 Rn 2 ff.
[210] Siehe dazu auch die Vertiefung zu Fall 1.
[211] Siehe zur Unmittelbarkeit *von Arnim* JZ 2002, 578 ff.
[212] Hierzu: *Dreier*, Jura 1997, 249, 254.
[213] *Jarass/Pieroth*, Art. 38 Rn 10.

e) Grundsatz: Die Gleichheit der Wahl

Der Grundsatz der Gleichheit der Wahl ist streng und formal zu verstehen. Dem Gesetzgeber bleibt bei der Ausgestaltung des Wahlrechts daher nur eng bemessener Spielraum für Differenzierungen, die eines zwingenden Grundes bedürfen. Gleich ist die Wahl, wenn die Stimmen bei der Mehrheitswahl den gleichen **Zählwert**, bei der Verhältniswahl auch den gleichen **Erfolgswert** haben.

Zählwert ist der Wert der einzelnen Stimme bei der Auszählung. Differenzierungen beim Zählwert – wie z.B. beim preußischen „Drei-Klassen-Wahlrecht" - sind generell unzulässig. Der Erfolgswert beschreibt den Wert einer abgebenden gültigen Stimme im Vergleich zu den übrigen abgebenden Stimmen. Jede Stimme muss das gleiche Gewicht für die Zusammensetzung des Parlaments haben, also die gleiche rechtliche Erfolgschance haben. Differenzierungen, bedürfen eines zwingenden Grundes. Da das personalisierte Verhältniswahlrecht im Kern eine Verhältniswahl darstellt, muss hier grds. der gleiche Erfolgswert gegeben sein (s.o.).

FALL 7: DIE ÄNDERUNG DES PARTEIENGESETZES

Die Bundesregierung ist der Ansicht, dass zu viele kleine Parteien von der staatlichen Parteienfinanzierung profitieren. Angesichts der hohen Verschuldung von Bund und Ländern sei es nicht einzusehen, dass Parteien, die nur in ein oder zwei Bundesländern geringe Wahlerfolge hätten, in den Genuss einer staatlichen Teilfinanzierung kämen. Diesen kleinen Parteien käme keine Bedeutung für den politischen Prozess zu. Ferner hätten sie auch keine bundespolitische Bedeutung. Hinzu käme, dass es sich bei den kleineren Parteien meist um rechts- oder linksradikale verfassungsfeindliche Parteien handele, denen man endlich den „Geldhahn" zudrehen müsse. Eine staatliche Teilfinanzierung sei daher für diese Parteien absolut überflüssig.

Die Bundesregierung bringt deshalb in den Bundestag ein Gesetz ein, mit dem der bestehende § 18 IV 3 PartG dahingehend geändert wird, dass eine politische Partei staatliche Zuschüsse zu den eigenen Spenden und Beiträgen nur dann erhält, wenn sie bei mindestens drei der jeweils letzten Landtagswahlen 1 % der für die Listen abgegebenen gültigen Stimmen erreicht hat (sog. „Drei-Länder-Quorum") bzw. bei einer der jeweils letzten Landtagswahlen 5 % der abgegebenen gültigen Stimmen oder bei der letzten Europa- oder Bundestagswahl mindestens 0,5 % der abgegebenen gültigen Stimmen erreicht hat.

Bis dahin hatten Parteien aufgrund des § 18 IV 3 PartG alter Fassung einen Anspruch auf staatliche Teilfinanzierung, wenn sie lediglich bei einer der letzten Landtagswahlen 1 % der für die Listen abgegebenen gültigen Stimmen erhalten hatten bzw. 0,5 % der Stimmen bei der letzten Bundes- oder Europawahl.

Im Bundestag und Bundesrat stößt der neue § 18 IV 3 PartG auf Zustimmung, so dass die Gesetzesänderung zustande kommt.

Die Partei „Rechtsaußen", die in den letzten Jahren nur in zwei Bundesländern mehr als 1 % der für die Listen abgegebenen gültigen Stimmen erhalten hat, fürchtet, zukünftig nicht mehr in den Genuss einer staatlichen Parteienfinanzierung zu gelangen. Sie fühlt sich deshalb durch die Neuregelung des § 18 IV 3 PartG gegenüber den anderen Parteien benachteiligt und wendet sich gegen die Gesetzesänderung form- und fristgemäß an das Bundesverfassungsgericht.

Frage: Kann sich die Partei mit Erfolg an das Bundesverfassungsgericht wenden?

LÖSUNG FALL 7: ÄNDERUNG DES PARTEIENGESETZES

Vorüberlegung: Aus der Fallfrage ergibt sich, dass Zulässigkeit und Begründetheit eines möglichen Antrags zu prüfen sind. Sie müssen sich daher Gedanken machen, welches Verfahren hier in Frage kommt. Da es um ein Gesetz geht, könnte zunächst eine abstrakte Normenkontrolle in Frage kommen. Allerdings fehlt es der Partei Rechtsaußen an der Antragsberechtigung. Nur die Bundesregierung, die Landesregierung sowie 1/3 des Bundestages sind nach Art. 93 I Nr. 2 GG antragsberechtigt. Allerdings kann auch im Rahmen eines **Organstreitverfahrens** ein Gesetz auf seine Verfassungsmäßigkeit überprüft werden. Wichtig ist jedoch dann, dass Sie herausarbeiten, dass Antragsgegenstand nicht das Gesetz als solches ist, sondern der Erlass des Gesetzes.

In Betracht kommt eine **Organstreitverfahren** gem. Art. 93 I Nr. 1 GG, §§ 13 Nr. 5, 63 ff. BVerfGG. Dieses hat Aussicht auf Erfolg, soweit es zulässig (A) und begründet (B) ist.

A. Zulässigkeit

I. Parteifähigkeit

Die politische Partei „Rechtsaußen" müsste als Antragsteller zunächst parteifähig sein.

Merke: Beim Organstreitverfahren handelt es sich nicht um ein objektives Rechtsbeanstandungsverfahren, sondern um ein kontradiktorisches Verfahren. Deshalb gibt es nicht nur einen Antragsteller, sondern auch einen Antragsgegner.

Parteifähig im Organstreitverfahren sind nach Art. 93 I Nr. 1 GG, § 63 BVerfGG zunächst die obersten Bundesorgane bzw. Teile dieser Organe. Zu den obersten Bundesorganen zählen die politischen Parteien jedoch nicht, da sie im außerstaatlichen gesellschaftlichen Bereich ihren Ursprung finden.[214] Neben den obersten Bundesorganen sieht Art. 93 I Nr. 1 GG allerdings auch die Beteiligung „**anderer Beteiligter**" am Organstreitverfahren vor. Voraussetzung hierfür ist jedoch zum einen, dass sie durch das GG oder die Geschäftsordnung eines obersten Bundesorgans mit eigenen

---

[214] *Sachs*, Verfassungsprozessrecht Rn 266.

Rechten ausgestattet sind. Zum anderen müssen „andere Beteiligte" eine den Verfassungsorganen ähnliche Stellung einnehmen.[215] Fraglich ist, ob die politischen Parteien diese Voraussetzungen erfüllen.

Der **Art. 21 I GG** weist den Parteien besondere verfassungsrechtliche Rechte und Pflichten zu. Die Parteien bleiben zwar trotz dieser besonderen Erwähnung im GG in erster Linie private Vereinigungen. Aufgrund des Art. 21 GG, der den Parteien bei der Mitwirkung im Verfahren der politischen Willensbildung des Volkes eine besondere Rolle zuweist, nehmen sie jedoch **eine den Verfassungsorganen ähnliche Stellung** ein. Parteien können daher ihre Rechte aus Art. 21 GG in einem Organstreitverfahren geltend machen.[216] Die Partei „Rechtsaußen" ist daher parteifähig.

Merke: Grds. kann eine Partei also ihre verfassungsrechtlichen Rechte aus Art. 21 GG in einem Organstreitverfahren geltend machen. Dieses Verfahren scheidet jedoch aus, wenn es am passenden Antragsgegner fehlt. So ist etwa eine Landesrundfunkanstalt, ein Landkreis oder eine Gemeinde nicht parteifähig. In diesen Fällen (z.B. Versagung der Teilnahme an einer Wahldiskussionsrunde, Verbot einer Versammlung) kann eine Partei aber – nachdem sie den Verwaltungsrechtsweg beschritten hat – Verfassungsbeschwerde erheben.

Richtiger Antragsgegner ist hier der **Bundestag**, der das Änderungsgesetz beschlossen hat. Dessen Parteifähigkeit ergibt sich aus Art. 93 I Nr. 1 GG, § 63 BVerfGG.

II. Antragsgegenstand

Tauglicher Antragsgegenstand ist jede rechtserhebliche Maßnahme oder Unterlassung des Antragsgegners. Die rechtserheblich Maßnahme ist hier die Änderung des § 18 IV 3 PartG durch den Bundestag.

---

[215] *Sachs*, Verfassungsprozessrecht Rn 267.
[216] *Sachs*, Verfassungsprozessrecht Rn 267.

III. Antragsbefugnis

Gem. § 64 I BVerfGG muss der Antragsteller geltend machen, dass er durch eine Maßnahme des Antragsgegners in seinen ihm durch dass GG übertragenen Rechten oder Pflichten verletzt oder unmittelbar gefährdet ist. In diesem Fall ist es möglich, dass durch die Änderung des § 18 IV 3 PartG das Recht der Partei „Rechtsaußen" auf Chancengleichheit im politischen Wettbewerb, welches aus Art. 21 I iVm Art. 3 I GG folgt, verletzt worden ist. Die Partei „Rechtsaußen" ist daher antragsbefugt.

IV. Form und Frist

Gemäß §§ 23 I, 64 II BVerfGG ist ein schriftlicher Antrag erforderlich, der die verletzte Vorschrift bezeichnet. Zudem muss nach § 64 III BVerfGG der Antrag binnen **sechs Monaten** gestellt werden, nachdem die beanstandete Maßnahme dem Antragsteller bekannt geworden ist. Laut Sachverhalt kann eine form- und fristgemäße Antragstellung hier unterstellt werden.

V. Ergebnis zur Zulässigkeit

Der Antrag ist zulässig.

B. Begründetheit

Der Antrag ist begründet, wenn die Maßnahme des Antragsgegners **tatsächlich gegen das GG verstößt** und daher die Rechte des Antragstellers aus dem Grundgesetz verletzt.

I. Verstoß gegen das Recht der Parteien auf Chancengleichheit, Art. 21 I GG iVm Art. 3 I GG

In Frage kommt hier ein Verstoß gegen das Recht der Parteien auf Chancengleichheit aus Art. 21 I GG iVm Art. 3 I GG. Gemäß Art. 21 I S. 1 GG wirken die Parteien bei der politischen Willensbildung mit.

Als vom GG anerkannte Institution stellen die Parteien ein Bindeglied zwischen dem Volk und den staatlichen Institutionen dar. Um diese Funktion aufgabengerecht wahrnehmen zu können statuiert Art. 21 I GG bestimmte Pflichten für die Parteien (z.B. eine innere Ordnung nach demokratischen Grundsätzen, die Rechenschaftspflicht); das GG verleiht den Parteien aber auch besondere Rechte. Hierzu zählt neben der Freiheit der Parteien (Art. 21 I 2 GG) auch das aus Art. 21 I GG iVm Art. 3 I GG abgeleitete **Recht der Parteien auf Chancengleichheit im politischen Wettbewerb**. Die Parteien sollen im politischen Wettbewerb die gleichen Möglichkeiten haben, an der Willensbildung mitzuwirken.[217] Durch die Änderung des PartG könnte der Bundestag gegen das Recht der Parteien auf Chancengleichheit verstoßen haben.

1. Ungleichbehandlung

Die Änderung des § 18 IV 3 PartG führt dazu, dass Parteien, die in weniger als drei Bundesländern bei Landtagswahlen mind. 1 % der Stimmen bekommen haben, keine Zuwendungen vom Staat erhalten, während Parteien, die das „Drei-Länder-Quorum" erfüllen, von der staatlichen Parteienfinanzierung profitieren können. Insofern führt die Neuregelung zu einer Ungleichbehandlung der Parteien, die nur in ein oder zwei Bundesländern bei Landtagswahlen erfolgreich sind.

2. Verfassungsrechtliche Rechtfertigung

Diese Ungleichbehandlung könnte allerdings verfassungsrechtlich gerechtfertigt und daher verfassungskonform sein.

---

[217] *Maurer*, Staatsrecht I, § 11 Rn 42.

Zu beachten ist in diesem Zusammenhang jedoch, dass das Recht der Parteien auf Chancengleichheit im politischen Wettbewerb in einem engen Zusammenhang mit den Grundsätzen der Allgemeinheit und Gleichheit der Wahl (Art. 38 I 1 GG) steht, die ihre Prägung durch das Demokratieprinzip erfahren.

Aus diesem Grund ist **das Recht der Parteien auf Chancengleichheit streng und formal und führt zu einem grundsätzlichen Differenzierungsverbot, dessen Durchbrechung nur durch einen besonders zwingenden Grund zu rechtfertigen ist.** Das Ermessen des Gesetzgebers ist bei der Ausgestaltung des Parteienrechts daher stark begrenzt. Der Staat darf vor allem die vorgefundene Wettbewerbslage nicht verfälschen.[218]

a) keine Bedeutung für den politischen Prozess

In diesem Fall könnte eine Ungleichbehandlung deshalb gerechtfertigt sein, weil kleinere Parteien möglicherweise für den politischen Prozess und die politische Landschaft nicht von so großer Bedeutung sind, und ihre finanzielle Förderung, die eine Belastung für den Staatshaushalt darstellt, verfassungsrechtlich daher auch nicht erforderlich ist. Dieser Überlegung ist jedoch entgegenzuhalten, dass es einen wirksamen, demokratienotwendigen politischen Wettbewerb nur dort geben kann, wo der politische Wettbewerb nicht auf die Konkurrenz zwischen den bereits existierenden und erfolgreichen Parteien beschränkt bleibt, sondern durch das (potentielle) Hinzutreten neuer Wettbewerber erweitert, intensiviert und gefördert wird.[219] Auch kleinere Parteien sind daher für den politischen Prozess und die politische Landschaft von Bedeutung.

---

[218] BVerfGE 73, 40, 88 f. m.w.N.
[219] BVerfG, Urteil vom 26. Oktober 2004 - 2 BvE 1/02 und 2 BvE 2/02 Rn. 83 ff.

b) Fehlende bundespolitische Bedeutung

Ferner könnte eine Ungleichbehandlung deshalb gerecht-fertigt sein, weil Parteien, die bei einer Wahl nur in ein oder zwei Ländern mind. 1 % der Stimmen erreichen, keine bundespolitische Bedeutung haben, so dass für diese Par-teien eine staatliche Teilfinanzierung ebenfalls verfassungs-rechtlich nicht notwendig ist. Das Kriterium der bundes-politischen Bedeutung widerspricht jedoch der föderalen Struktur des GG, die auch für die inhaltliche Bestimmung des Parteibegriffs und die finanzielle Förderung der politisch-en Parteien durch den Staat Gewicht hat.

Nach § 2 I 1 PartG, der den Parteibegriff des Art. 21 GG in verfassungsmäßiger Weise konkretisiert, erstrecken sich der verfassungsrechtliche Status und die damit einhergehenden Rechte auf alle politischen Parteien gleichermaßen und un-abhängig davon, ob sie sich die Einflussnahme auf die poli-tische Willensbildung im Bund oder in einem Land und ihre Vertretung im Bundestag oder in einem Landtag zum Ziel gesetzt haben.[220] Das Kriterium „bundespolitische Bedeu-tung" ist daher ungeeignet, diese Ungleichbehandlung der Parteien durch § 18 IV 3 PartG verfassungsrechtlich zu rechtfertigen.

c) Bekämpfung radikaler Parteien

Mit dem geänderten § 18 IV 3 PartG verfolgt der Gesetz-geber schließlich noch das Ziel, kleinere rechts- und links-radikale, verfassungsfeindliche Parteien zu bekämpfen. Fraglich ist, ob dieses Ziel die Ungleichbehandlung verfas-sungsrechtlich zu rechtfertigen vermag. In diesem Zu-sammenhang ist zu beachten, dass den politischen Parteien das sog. **Parteienprivileg** des Art. 21 II GG zukommt.[221] Die Sperrwirkung des Art. 21 II GG verbietet jede staatliche Bekämpfung einer politischen Partei, solange das Bundes-verfassungsgericht sie nicht durch Urteil für verfassungs-

---

[220] BVerfG, Urteil vom 26. Oktober 2004 - 2 BvE 1/02 und 2 BvE 2/02 Rn 100 ff.
[221] Zum Parteienprivileg siehe *Degenhart*, Staatsrecht I Rn 82 ff.

widrig erklärt und aufgelöst hat.[222] Somit lässt sich die Ungleichbehandlung auch nicht mit der Bekämpfung „radikaler" Parteien rechtfertigen.

3. Ergebnis

Die Ungleichbehandlung durch § 18 IV 3 PartG lässt sich verfassungsrechtlich nicht rechtfertigen. Die Neuregelung des § 18 IV 3 PartG verletzt daher die Partei „Rechtsaußen" in ihrem Recht auf Chancengleichheit im politischen Wettbewerb, Art. 21 I GG iVm Art. 3 I GG.

II. Ergebnis zur Begründetheit

Das Organstreitverfahren ist begründet.

C. Gesamtergebnis

Das Organstreitverfahren ist zulässig und begründet, so dass sich die Partei „Rechtsaußen" mit Erfolg an das BVerfG wenden kann.

---

[222] BVerfG, Urteil vom 26. Oktober 2004 - 2 BvE 1/02 und 2 BvE 2/02 Rn 105.

Das Gesetzgebungsverfahren des Bundes ist in den Art. 76 ff. GG geregelt. Es lässt sich in die vier Abschnitte **Gesetzesinitiative (I.), Beschlussfassung durch den Bundestag (II.), Beteiligung des Bundesrates (III.), Ausfertigung und Verkündung der Gesetzesvorlage durch den Bundespräsidenten (IV.)** unterteilen.

I. Abschnitt: Gesetzesinitiative, Art. 76 GG

Das Gesetzesinitiativrecht ist in Art. 76 GG geregelt. Initiativberechtigt sind **die Bundesregierung (1), der Bundestag (2)** und **der Bundesrat (3)**, vgl. Art. 76 I GG.

1. Einbringen einer Gesetzesvorlage durch die Bundesregierung

Hat die Bundesregierung (als Kollegialorgan) eine Gesetzesvorlage beschlossen, wird diese zunächst dem **Bundsrat zur Stellungnahme** zugeleitet, Art. 76 II 1 GG. Erst im Anschluss hieran wird die Gesetzesvorlage an den Bundestag weitergeleitet. Der Bundesrat kann eine Stellungnahme abgeben. Er ist hierzu jedoch nicht verpflichtet.[223] Die Frist für die Stellungnahme ist in Art. 76 II 2–5 GG geregelt (grundsätzlich sechs Wochen).

2. Einbringen einer Gesetzesvorlage aus der Mitte des Bundestages

Geht die Gesetzesinitiative vom Bundestag aus (Art. 76 I 1 GG spricht insofern von der „Mitte des Bundestages"), ist die Gesetzesvorlage nach § 76 I GO BT von einer Fraktion oder mindestens 5 % der Mitglieder des Bundestages zu unterzeichnen. Entsprechende Vorgaben finden sich allerdings nicht im Grundgesetz. Daher kann auch ein Gesetz, das von weniger als 5 % der Mitglieder des Bundestages eingebracht wird, verfassungsgemäß zustande kommen. Dies gilt auch für den Fall, dass ein Gesetz nur von einem einzelnen Abgeordneten eingebracht wird.[224]

3. Einbringen einer Gesetzesvorlage durch den Bundesrat

Eine Gesetzesvorlage des Bundesrates ist dem Bundestag durch die Bundesregierung zuzuleiten, Art. 76 III 1 GG. Zunächst geht die Gesetzesvorlage somit an die Bundesregierung, die ihre Auffassung hierzu darlegen „soll", Art. 76 III 2 GG. Erst im Anschluss hieran wird die Gesetzesvorlage dem Bundestag zugeleitet. Die hierfür zu beachtende Frist ist in Art. 76 III 1, 3 – 5 GG geregelt (grundsätzlich sechs Wochen).

---

[223] *Jarass/Pieroth*, Art. 76 Rn 6.
[224] So etwa *Degenhart*, Staatsrecht I Rn 670 f., auch mit dem Hinweis, dass sich der Bundestag den Gesetzentwurf mit der Beschlussfassung zu eigen macht.

II. Abschnitt: Beschlussfassung durch den BT, Art. 77 I 1 GG

Dem Initiativverfahren folgt das Verfahren der Beschlussfassung. Der Bundestag hat über die Vorlagen in angemessener Frist zu beraten und Beschluss zu fassen. Dies gilt für alle eingebrachten Gesetzesvorlagen.[225] Die Beratung über die Gesetzesvorlagen erfolgt regelmäßig in drei Lesungen, vgl. §§ 78 ff. GOBT. Am Ende der dritten Lesung steht die Schlussabstimmung. Zu beachten ist jedoch, dass das GG in Art. 77 I 1 GG keine drei Lesungen vorschreibt. Es ist daher im Rahmen einer Falllösung genau zu untersuchen, ob ein Gesetz, welches in nur einer Lesung beschlossen wurde an einem verfassungsrechtlich relevanten formellen Mangel leidet.[226] Stimmt die erforderliche Mehrheit der Mitglieder des Bundestages der Gesetzesvorlage zu, liegt der Gesetzesbeschluss des Bundestages vor, Art. 77 I 1 GG. Der Gesetzesbeschluss des Bundestages wird vom Bundestagspräsidenten an den Bundesrat weitergeleitet, Art. 77 I 2 GG.

III. Abschnitt: Beteiligung des Bundesrates, Art. 77 II – IV, 78 GG

Dem Verfahren der Beschlussfassung durch den Bundestag (BT) folgt das Beteiligungsverfahren des Bundesrates (BR). Erst am Ende dieses Verfahrens steht schließlich fest, ob das Gesetz zustande gekommen ist oder nicht. Das Verfahren im Bundesrat richtet sich danach, ob ein **Einspruchs- oder ein Zustimmungsgesetz** vorliegt.

Begriffserklärung: Zustimmungsgesetze sind solche, für die im Grundgesetz ausdrücklich die Zustimmung des Bundesrates vorgesehen ist (Wortlaut des GG: „Bundesgesetz mit Zustimmung des Bundesrates"). Ansonsten handelt es sich um **Einspruchsgesetze.**[227] Die Zustimmungspflicht des Bundesrates ergibt sich etwa aus Art. 72 III 2 GG; 73 II GG; 74 II GG; Art. 84 I 5, 6 GG; Art. 84 V GG; 85 I GG oder 79 II GG ergeben.[228]

Vor der **Föderalismusreform** fand sich eine klausurrelevante Regelung zur Zustimmungspflichtigkeit außerdem in Art. 84 I GG a.F. Dort war festgelegt, dass Bundesgesetze, die die Einrichtung von Landesbehörden und/oder das Verwaltungsverfahren regelten, immer der Zustimmung des

---

[225] Für Vorlagen des Bundesrates ist dies in Art. 76 III 6 GG ausdrücklich normiert. Für Vorlagen der Bundesregierung und aus der Mitte des Bundestages gilt dies aber auch ohne ausdrückliche Regelung, *Lücke*, in: Sachs, Art. 76 Rn 31; *Jarass/Pieroth*, Art. 76 GG Rn 4, 7.

[226] Siehe hierzu im Einzelnen *Schmidt*, Staatsorganisationsrecht Rn 865 ff.

[227] Vgl. *Degenhart*, Staatsrecht I, Rn 512 ff. Dort auch eine Übersicht zu zustimmungspflichtigen Gesetzen.

[228] Eine vollständige Auflistung findet sich bei *Schmidt*, Staatsorganisationsrecht Rn 874.

Bundesrates bedurften. Durch die Föderalismusreform wurde Art. 84 I GG jedoch geändert.[229] Nun bedürfen Bundesgesetze, die die *Einrichtung von Landesbehörden und/oder das Verwaltungsverfahren* regeln, grundsätzlich nicht mehr der Zustimmung des Bundesrates. Dafür ist es den Ländern jedoch gestattet, abweichende Regelungen zu treffen (Art. 84 I 2 GG). In Ausnahmefällen kann der Bund wegen eines besonderen Bedürfnisses nach einer bundeseinheitlichen Regelung das *Verwaltungsverfahren* (nicht die Einrichtung der Behörden) ohne Abweichungsmöglichkeit für die Länder regeln (Art. 84 I 5 GG). Ein solches Gesetz löst dann jedoch die Zustimmungspflichtigkeit des Bundesrates aus (Art. 84 I 6 GG).

Ein **Zustimmungsgesetz** kommt nur zustande, wenn der Bundesrat dem Gesetzesbeschluss **positiv zustimmt,** Art. 78 Alt. 1 GG. Bei **Einspruchsgesetzen** kann der Bundesrat, nachdem zuvor ein Vermittlungsverfahren (Art. 77 II GG) durchgeführt worden ist, zwar mit der Mehrheit seiner Stimmen Einspruch einlegen, Art. 77 III 1 GG. Der Bundestag kann diesen jedoch mit der Mehrheit seiner Mitglieder zurückweisen, Art. 77 IV 1 GG.[230] Kommt die entsprechende Mehrheit im BT zustande, ist das Gesetz trotz des Einspruchs des Bundesrates zustande gekommen, Art. 78 Alt. 5 GG. Gleiches gilt, wenn der Bundesrat untätig bleibt und keinen Einspruch einlegt, Art. 78 Alt. 2, 3 GG oder seinen Einspruch zurücknimmt, Art. 78 Alt. 4 GG. Sie hierzu auch die Übersicht auf der nächsten Seite.

IV. Abschnitt: Ausfertigung und Verkündung

Die zustande gekommenen Gesetze werden nach Gegenzeichnung durch die Bundesregierung (Art. 58 S. 1 GG) vom Bundespräsidenten **ausgefertigt** und **verkündet**, Art. 82 I 1 GG. Mit der Verkündung im Bundesgesetzblatt ist das Gesetzgebungsverfahren abgeschlossen. Das Inkrafttreten bestimmt sich nach Art. 82 II 2 GG, sofern das Gesetz dies nicht selbst bestimmt, vgl. Art. 82 II 1 GG.

---

[229] Dazu auch *Thiele*, JA 2006, 714 ff.
[230] Hat der BR den Einspruch mit einer Mehrheit von 2/3 seiner Stimmen eingelegt, gilt Art. 74 IV 2 GG.

Übersicht: Beteiligung des Bundesrates im Gesetzgebungsverfahren

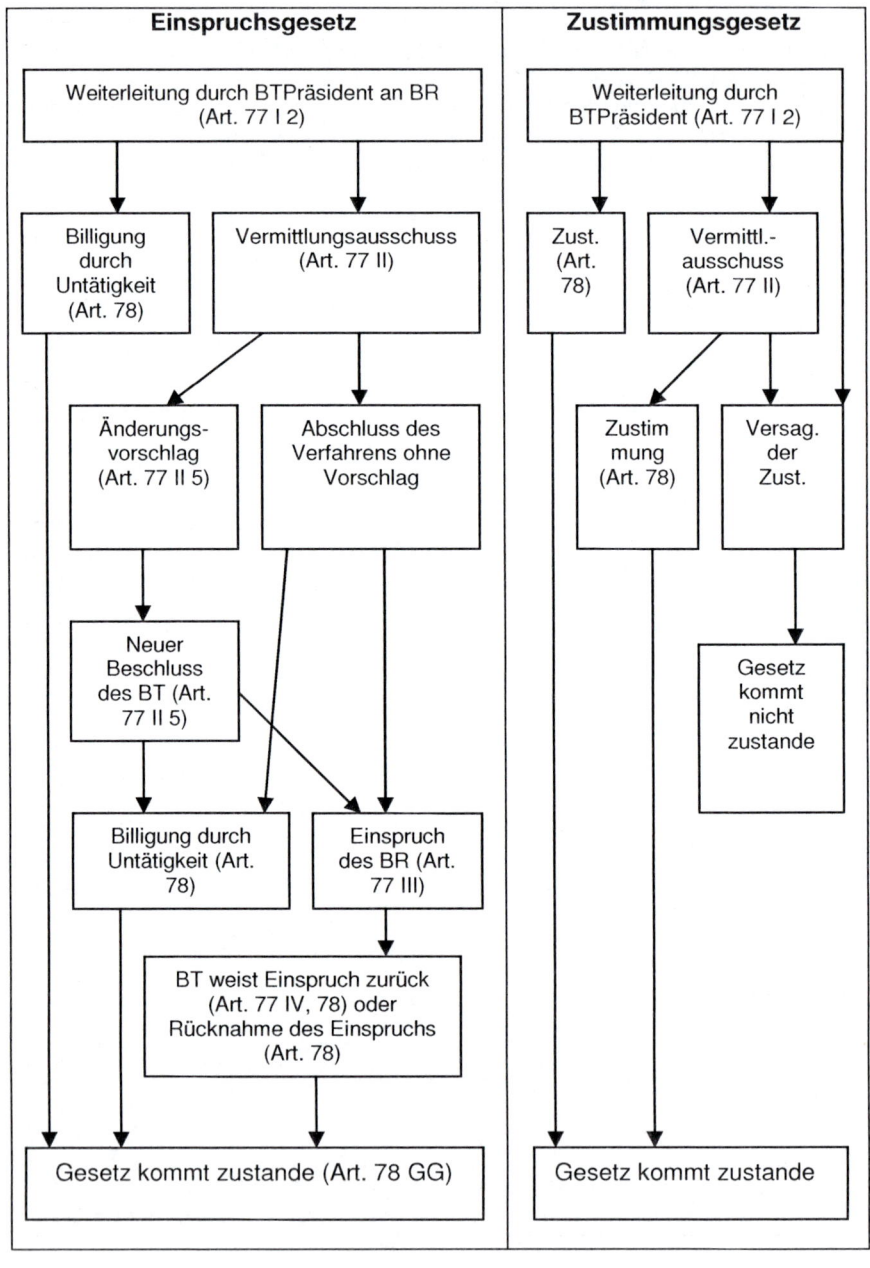

Die Bundesregierung ist der Auffassung, dass die Energie-erzeugung durch Atomkraft in Deutschland keine Zukunft mehr hat und durch eine neue ökologische Energiepolitik ersetzt werden muss. Ganz anderer Ansicht ist jedoch der hessische Umweltminister. Er hält die Atomkraft für eine zukunftsweisende Technologie und kündigt an, auch weiterhin die nach § 7 I AtomG erforderlichen Genehmigungen für den Betrieb der bestehenden Atomkraftwerke in seinem Land erteilen zu wollen. Als der Bundesminister für Umwelt, Naturschutz und Reaktorsicherheit von der Auffassung des hessischen Ministers erfährt, erteilt er diesem nach einer vorherigen Anhörung die Weisung, Genehmigungen erst nach einer bundesaufsichtlichen Zustimmung zu erteilen. Um den Atomausstieg konsequent voranzutreiben, kommt der Bundesumweltminister zudem mit Vertretern der Energieerzeuger zusammen, um mit ihnen über den langfristigen Ausstieg aus der Kernenergie zu verhandeln. Die Verhandlungen enden schließlich in einer politischen Absichtserklärung, dem sogenannten Atomkonsens, in der festgelegt wird, dass keine neuen Atomkraftwerke mehr gebaut, keine entsprechenden Genehmigungen mehr beantragt und die bestehenden Anlagen innerhalb von 25 Jahren durch die Betreiber stillgelegt werden.

Die hessische Landesregierung ist über das Verhalten des Bundesumweltministers empört. Ihrer Meinung nach hätte der Bundesumweltminister dem hessischen Umweltminister weder die oben erwähnte Weisung erteilen dürfen noch hätte der Bundesumweltminister ohne Beteiligung der Länder mit den Energieversorgern verhandeln dürfen. Die hessische Landesregierung wendet sich daher an das BVerfG.

Hat der Antrag Aussicht auf Erfolg?

Fall angelehnt an BVerfGE 104, 249. **Hinweis**: Gehen Sie davon aus, dass das AtomG im Auftrag des Bundes ausgeführt wird.

LÖSUNG FALL 8: DIE WENDE IN DER ENERGIEPOLITIK

Vorüberlegung: Es handelt sich hier um einen relativ schwierigen Fall aus dem Bereich der Verwaltung, der an eine Originalentscheidung des BVerfG angelehnt ist. Regelmäßig werden in diesem Bereich vom Anfänger lediglich Grundkenntnisse erwartet. Im jedem Fall sollten Sie die Art. 83-87 GG vollständig lesen!

In Frage kommt ein **Bund-Länder-Streit** vor dem Bundesverfassungsgericht gem. Art. 93 I Nr. 3 GG, §§ 13 Nr. 7, 68 ff. BVerfGG. Dieses hat Aussicht auf Erfolg, soweit der entsprechende Antrag zulässig (A) und begründet (B) ist.

A. Zulässigkeit

Der Antrag müsste zulässig sein.

I. Parteifähigkeit

Merke: Da es sich beim Bund-Länder-Streit um ein kontradiktorisches Verfahren handelt, sich also zwei Streit**parteien** gegenüberstehen, lautet der erste Prüfungspunkt: Parteifähigkeit. Art. 93 I Nr. 3 GG trifft keine direkte Aussage darüber, wer im Rahmen eines Bund-Länder-Streits parteifähig ist. Dies ist aber dem § 68 BVerfGG zu entnehmen.

Parteifähig sind gem. § 68 BVerfGG der Bund und die Länder, vertreten durch die jeweiligen Regierungen.[231] Das Land Hessen, vertreten durch die Landesregierung, ist somit als Antragsteller parteifähig. Antragsgegner ist der Bund, vertreten durch die Bundesregierung. Der Bund ist ebenfalls gemäß § 68 BVerfGG parteifähig.

II. Antragsgegenstand

Antragsgegenstand im Bund-Länder-Streitverfahren ist eine rechtserhebliche Maßnahme oder Unterlassung des Antragsgegners, Art. 93 I Nr. 3, § 69 iVm § 64 I BVerfGG.

Die Landesregierung wendet sich hier zum einen gegen die Weisung des Bundesumweltministers und zum anderen ge-

---

[231] *Schlaich/Korioth*, Das Bundesverfassungsgericht Rn 99.

123

gen die Verhandlungen mit den Energieversorgern. Bei beiden Maßnahmen handelte der Bundesumweltminister für den Bund, also den Antragsgegner. Sowohl die Weisung des Bundesumweltministers als auch die Verhandlungen sind daher tauglicher Antragsgegenstand im Bund-Länder-Streit.

> **Achtung:** Anders als in den bisherigen Fällen, gibt es in diesem Fall zwei Antragsgegenstände. Beim Prüfungspunkt Antragsbefugnis und im Rahmen der Begründetheitsprüfung müssen beide daher auch gesondert behandelt werden!

III. Antragsbefugnis

Gem. § 69 i.V.m. § 64 I BVerfGG muss der Antragsteller geltend machen, dass er durch die Maßnahme oder Unterlassung des Antragsgegners in seinen ihm durch das GG übertragenen Rechten und Pflichten aus dem Bundesstaatsverhältnis verletzt oder unmittelbar gefährdet ist. Eine solche Beeinträchtigung muss zumindest **möglich** erscheinen.[232]

Vorliegend ist es nicht von vornherein ausgeschlossen und daher möglich, dass die Weisung des Bundesumweltministers das Land Hessen in seinen Rechten aus Art. 83, 85 GG verletzt. Darüber hinaus ist auch nicht ausgeschlossen, dass nach den Kompetenzvorschriften des GG nur das Land Hessen und nicht Bund mit den Energieversorgern über den Ausstieg aus der Atomenergie verhandeln durfte. Somit ist das Land Hessen hinsichtlich beider Antragsgegenstände antragsbefugt.

IV. Form und Frist

Gemäß § 69 iVm § 64 II BVerfGG ist ein Antrag erforderlich, der die verletzte Vorschrift bezeichnet. Zudem müsste die Frist des § 69 iVm § 64 III BVerfGG eingehalten werden.

---

[232] *Robbers*, Verfassungsprozessuale Probleme in der öffentlich-rechtlichen Arbeit, S. 66.

Dies wird mangels gegenteiliger Sachverhaltsangaben unterstellt.

V. Ergebnis der Zulässigkeitsprüfung

Der Antrag der hessischen Landesregierung ist zulässig.

B. Begründetheit

Der Antrag müsste auch begründet sein. Der Antrag ist begründet, soweit die beanstandeten Maßnahmen, also die Weisung des Bundesumweltministers und die Verhandlungen des Bundesumweltministers mit den Energieversorgern, rechtswidrig sein sollten und dadurch verfassungsrechtliche Rechte des Landes Hessens verletzt wurden.

I. Begründetheit des Antrags hinsichtlich der Weisung

Zu klären ist zunächst die Verfassungsmäßigkeit der Weisung.

> **Achtung:** Vor dem Bundesverfassungsgericht sollen *zwei* Maßnahmen des Bundesumweltministers auf ihre Verfassungsmäßigkeit hin überprüft werden, die Weisung und die Verhandlungen mit den Energieversorgern. Dann müssen Sie auch in der Begründetheitsprüfung beide Maßnahmen getrennt prüfen!

1. Ermächtigungsgrundlage für die Weisung

Fraglich ist, ob der Bundesumweltminister befugt war, die Weisung zu erteilen. Hiefür ist eine verfassungsrechtliche Rechtsgrundlage erforderlich. Die Befugnis zur Erteilung der Weisung könnte sich hier aus Art. 85 III GG ergeben.

Demnach besteht eine **Weisungsbefugnis** der obersten Bundesbehörden gegenüber den Ländern **im Falle der Bundesauftragsverwaltung**. Die Erteilung einer Genehmigung für den Bau eines Atomkraftwerkes müsste dann jedoch Teil der Bundesauftragsverwaltung sein.

> **Hinweis**: Da dies laut Sachverhalt der Fall ist, würde an sich an dieser Stelle für die Falllösung ein entsprechender Hinweis genügen. Der Vollständigkeit halber werden jedoch an dieser Stelle auch die die Bundesauftragsverwaltung begründenden Bestimmungen genannt.

Atomrechtliche Genehmigungen werden auf der Grundlage des Atomgesetzes erteilt. Bei dem Atomgesetz handelt es sich um ein Bundesgesetz. Bundesgesetze führen die Länder als eigene Angelegenheiten aus, soweit das GG nichts anderes bestimmt, Art. 83 GG. Hier trifft Art. 87 c GG iVm § 24 I AtomG für das Atomgesetz eine andere Bestimmung und ordnet für die Erteilung von Genehmigungen nach § 7 AtomG die Bundesauftragsverwaltung an. **Folglich liegt ein Fall der Bundesauftragsverwaltung vor,** so dass Art. 85 III GG als Ermächtigungsgrundlage für die Erteilung der Wiesung zur Verfügung steht. Die Weisung müsste dann aber auch formell und materiell im Einklang mit dem GG stehen.

2. Formelle Verfassungsmäßigkeit der Weisung

> **Merke:** Nicht nur Gesetze sind auf ihre formelle Verfassungsmäßigkeit (Zuständigkeit, Verfahren, Form) zu prüfen. Auch sonstige Handlungen von Staatsorganen sind darauf zu prüfen, ob sie formell und materiell im Einklang mit dem GG stehen. Zu prüfen ist also, ob das zuständige Organ gehandelt hat, ob das durchgeführte Verfahren verfassungsgemäß war und ob die rechtmäßige Form eingehalten worden ist.

Die Weisung müsste **formell verfassungsgemäß** sein. Dies setzt voraus, dass das zuständige Organ in einem verfassungsgemäßen Verfahren in verfassungsgemäßer Form gehandelt hat.

a) Zuständigkeit

Die Weisung wurde vom Bundesumweltminister erteilt. Dieser müsste hierfür zuständig gewesen sein. Gem. **Art. 85 III GG** muss die Weisung von der **zuständigen obersten Bundesbehörde** erteilt werden. Oberste Bundesbehörden sind solche, die keiner anderen Behörde unterstehen.[233] Dazu gehören jedenfalls die Bundesministerien und damit auch das Bundesministerium für Umwelt, Naturschutz und Reaktorsicherheit. Dieses wird durch seinen Minister vertreten. Die Zuständigkeit des Bundesumweltministers ist somit gegeben.

Achtung: Verwechseln Sie die **obersten Bundesbehörden** (Ministerien) nicht mit den **Bundesoberbehörden** aus Art. 87 III 1 GG (z.B. das Bundesverwaltungsamt oder das Bundeskartellamt). Die obersten Bundesbehörden unterstehen keiner anderen Behörde. Bundesoberbehörden unterstehen hingegen noch dem jeweils zuständigen Ministerium.[234]

---

b) Verfahren

aa) Richtiger Adressat der Weisung

Gemäß Art. 85 III GG sind die Weisungen außer in dringenden Fällen **an die obersten Landesbehörden** zu richten. Hier wurde die Weisung an den zuständigen hessischen Landesminister gerichtet. Der Landesminister vertritt sein Landesministerium und damit eine oberste Landesbehörde. Die Weisung hatte somit den richtigen Adressaten.

bb) Ankündigung der Weisung und Gelegenheit zur Stellungnahme seitens des Landes

Bei der Ausübung der Weisungskompetenz ist seitens des Bundes der ungeschriebene Verfassungsgrundsatz des bundesfreundlichen Verhaltens zu beachten.[235] Der Bund muss bei der Wahrnehmung seiner Kompetenzen auf die Belange der Länder Rücksicht nehmen.

---

[233] *Broß,* in: v. Münch/Kunig, Art. 85 Rn 16.
[234] Bundesoberbehörden können allerdings in unterschiedlichem Maß weisungsfrei gestellt werden, z.B. das Bundeskartellamt.
[235] Zum Grundsatz des bundesfreundlichen Verhaltens siehe auch die Vertiefung zu Fall 3.

> **Merke:** Beim Verfassungsgrundsatz des bundesfreundlichen Ver-
> haltens (teilweise wird auch die Bezeichnung „Bundestreue" ver-
> wendet) handelt es sich um eine **wechselseitige Pflicht der Län-**
> **der und des Bundes zum bundes- bzw. landesfreundlichen**
> **Verhalten.** Die Bezeichnung „bundesfreundliches Verhalten"/
> "Bundestreue" ist daher nicht ganz treffend, weil sie die Wechsel-
> seitigkeit dieser Pflicht nicht zum Ausdruck bringt und den Ein-
> druck erweckt, dass nur die Länder sich bundesfreundlich ver-
> halten müssten, der Bund hingegen nicht auch landesfreundlich.
> Zu beachten ist, dass der Grundsatz des bundesfreundlichen Ver-
> haltens in keinem Artikel des GG ausdrücklich erwähnt worden ist.
> Es handelt es sich daher um einen **ungeschriebenen Verfass-**
> **ungsgrundsatz,** der aus dem Bundesstaatsprinzip abgeleitet
> wird.[236] Diesen müssen Sie aber ebenso wie die ungeschriebenen
> Gesetzgebungs- und Verwaltungskompetenzen kennen.

Für die Ausübung des Weisungsrechts nach Art. 85 III GG
hat das BVerfG[237] diesen Grundsatz dahingehend konkretisiert, dass vor Erteilung einer Weisung das entsprechende
Land zunächst angehört und dem Landesminister Gelegenheit zur Stellungnahme gegeben werden muss. Daher muss
dem Land zunächst einmal angekündigt werden, dass die
zuständige Bundesbehörde die Erteilung einer Weisung er-
wägt. Die Pflicht zur gegenseitigen Rücksichtnahme ändert
allerdings nichts an der im GG festgelegten Kompetenzverteilung.

Daher ist es nicht erforderlich, dass sich der Bund um ein
Einvernehmen bemüht, bevor er zum Mittel der Weisung
greift.[238] Hier hat der Bundesumweltminister den hessischen
Umweltminister vor Erteilung der Weisung angehört und ihm
damit auch die Gelegenheit gegeben, eine Stellungnahme
abzugeben. Somit wurden die verfahrensrechtlichen Voraussetzungen, die sich aus dem Grundsatz des bundesfreundlichen Verhaltens ergeben, erfüllt.

---

[236] Siehe auch *Degenhart*, Staatsrecht I Rn 218 f.
[237] BVerfGE 81, 310, 335 ff.
[238] BVerfGE 81, 310, 335 ff.

c) Form der Weisung

Die Weisung muss dem Gebot der Weisungsklarheit entsprechen, also so abgefasst sein, dass der Adressat erkennen kann, dass es sich um eine Weisung handelt und welchen Inhalt diese Weisung hat.[239] Bedenken, dass die Weisung des Bundesumweltministers diesen Vorgaben nicht gerecht wird, bestehen hier jedoch nicht.

d) Ergebnis formelle Verfassungsmäßigkeit

Die Weisung ist formell verfassungsgemäß.

3. Materielle Verfassungsmäßigkeit

Weiterhin dürfte die Weisung auch inhaltlich nicht über den durch Art. 85 III GG gezogenen Rahmen hinausgehen. Bezüglich des verfassungsrechtlich zulässigen materiellen Gehalts einer Weisung ist dabei die **Wahrnehmungskompetenz** von der **Sachkompetenz** zu unterscheiden.[240]

Die **Wahrnehmungskompetenz** bezeichnet das Handeln des Landes nach außen, also im Verhältnis zu Dritten. Diese Kompetenz steht bei der Auftragsverwaltung ausschließlich dem Land und nicht dem Bund zu.[241]

Die **Sachkompetenz**, also die Sachbeurteilung und die Sachentscheidung, liegt ebenfalls zunächst bei den Ländern. Der Bund kann sie jedoch an sich ziehen, um seine politischen Vorstellungen durchzusetzen.[242] In inhaltlicher Hinsicht muss eine Weisung nach Art. 85 III GG dann darauf abzielen, eine bestimmte Anwendung des auszuführenden Gesetzes sicherzustellen. Dies kann auch die Vorgabe beinhalten, vor Erteilung einer atomrechtlichen Genehmigung die Zustimmung des zuständigen Bundesministers einzuholen.[243]

---

[239] BVerfGE 81, 310, 335 ff.
[240] BVerfGE 81, 310, 332. Siehe auch *Maurer*, Staatsrecht I, § 18 Rn 18; *Ipsen*, Staatsrecht I Rn 629.
[241] BVerfGE 81, 310, 332.
[242] BVerfGE 81, 310, 332.
[243] So jedenfalls BVerfGE 104, 249, 269.

In diesem Fall betrifft die Weisung des Bundesumweltministers an seinen hessischen Amtskollegen, vor Erteilung einer atomrechtlichen Genehmigung die Zustimmung des Bundesumweltministers einzuholen, allein die Sachentscheidung im verfassungsrechtlichen Binnenverhältnis von Bund und Ländern. Sie ist somit von der Sachkompetenz des Bundes gedeckt. Trotz der Weisung bleibt im Außenverhältnis auch weiterhin allein der hessische Umweltminister dafür zuständig, entsprechende Genehmigungen zu erteilen. Dessen Wahrnehmungskompetenz wird somit durch die Weisung nicht angetastet.

Die Weisung des Bundesumweltministers an seinen hessischen Kollegen ist auch **materiell verfassungsgemäß**.

4. Ergebnis

Die Weisung des Bundesumweltministers ist formell und materiell verfassungsgemäß. Das Bund-Länder-Streitverfahren bezüglich dieses Punktes ist somit **nicht begründet**.

Hinweis: Bei der Bundesauftragsverwaltung können die **Wahrnehmungskompetenz** (das Handeln nach Außen) und die **Sachkompetenz** (die Sachbeurteilung und Sachentscheidung) auseinanderfallen. Die Wahrnehmungskompetenz liegt immer bei den Ländern. Die Sachkompetenz liegt zunächst ebenfalls bei den Ländern, der Bund kann sie jedoch an sich ziehen. Nimmt der Bund seine Sachkompetenz in Anspruch, sind die Länder nicht mehr inhaltlich für die Entscheidung zuständig. Der Bund trägt daher allein die Verantwortung für die Weisung, einschließlich ihrer **inhaltlichen Rechtmäßigkeit**.

Ein Land hat deshalb auch gegenüber dem Bund kein Recht darauf, dass dieser seine im Einklang mit der Verfassung in Anspruch genommene Weisungsbefugnis inhaltlich rechtmäßig ausübt also insbesondere nicht gegen die Verfassung respektive die Grundrechte verstößt. Eine Ausnahme von diesem Grundsatz ergibt sich erst für den Fall, dass eine zuständige oberste Bundesbehörde unter grober Missachtung der ihr obliegenden Obhutspflicht zu einem Tun oder Unterlassen anweist, welches im Hinblick auf die damit einhergehende allgemeine Gefährdung oder

Verletzung bedeutender Rechtsgüter **schlechterdings nicht verantwortet werden kann**.[244] In diesem Extremfall ist die Weisung verfassungswidrig und braucht nicht ausgeführt zu werden.

Von Bedeutung ist dies für Klausurfälle, die eine Weisung gem. Art. 85 III GG zum Gegenstand haben und in denen von Seiten der Landesregierung geltend gemacht wird, dass durch die Ausführung einer Weisung Rechte Dritter, insb. Grundrechte, verletzt werden.[245]

II. Begründetheit des Antrags hinsichtlich der Verhandlungen des Bundesumweltministers mit den Energieversorgern

Zu prüfen ist ferner, ob die Verhandlungen des Bundesumweltministers mit den Energieversorgern über den Atomausstieg verfassungsgemäß waren oder ob hierdurch grundgesetzlich gewährleistete Rechte des Landes Hessens verletzt worden sind.

1. Kompetenz des Bundesumweltministers

Das Land Hessen wäre in seinen Rechten aus dem GG jedenfalls dann verletzt, wenn nicht der Bund, sondern das Land Hessen nach der Kompetenzverteilung des GG dafür zuständig gewesen wäre, mit den Energieerzeugern über den Ausstieg aus der Atomenergie zu verhandeln.

a) Sachkompetenz des Bundes aus Art. 85 III GG

Die Verhandlung hatte die weitere Nutzung der Kernenergie zur Stromerzeugung zum Gegenstand. Diese Sachmaterie wird durch das AtomG geregelt, das gem. Art. 87 c GG iVm § 24 I AtomG im Rahmen der Bundesauftragsverwaltung nach Art. 85 GG ausgeführt wird.

Wie bereits oben erwähnt, ist bei der Bundesauftragsverwaltung zwischen der **Wahrnehmungskompetenz**, die dem Bund gänzlich entzogen ist, und der **Sachkompetenz**, die

---

[244] BVerfGE 81, 310, 332 ff.
[245] Entsprechender Beispielsfall etwa bei *Maurer*, Staatsrecht I, § 18 Rn 18.

dagegen auch dem Bund zukommen kann, zu unterscheiden.

Hier könnte eine Verletzung der Wahrnehmungskompetenz vorliegen, da der Bund nach außen hin gehandelt hat. Im Rahmen der Sachkompetenz darf der Bund alle Aktivitäten entfalten, die er für eine effektive und sachgerechte Vorbereitung und Ausübung seines grundsätzlich unbeschränkten Direktions- und Weisungsrechts für erforderlich hält.

Bestandteil der Aktivitäten des Bundes zur Vorbereitung seines Weisungsrechts können daher auch unmittelbare Kontakte nach außen zu den betroffenen Dritten sein, einschließlich etwaiger informeller Absprachen. Entsprechende Aktivitäten darf der Bund allerdings nur soweit entfalten, wie er die Wahrnehmungskompetenz der Länder nicht verletzt.[246] Die Wahrnehmungskompetenz erfasst die gesetzesvollziehende rechtsverbindliche Entscheidung mit Außenwirkung, vor allem den Erlass von Verwaltungsakten und den Abschluss öffentlich-rechtlicher Vereinbarungen.

Entscheidend ist somit hier, ob die Verhandlungen zwischen dem Bundesumweltminister und den Energieversorgern zu einem rechtlich bindenden Ergebnis geführt haben oder nicht. Beim Atomkonsens, dem Verhandlungsergebnis, handelte es sich lediglich um eine **politische Absichtserklärung**. Eine rechtsverbindliche Entscheidung lag somit gerade nicht vor. Mithin ist die Wahrnehmungskompetenz des Landes Hessen durch die Verhandlungen und den Abschluss des Atomkonsenses nicht verletzt worden. Das Handeln des Umweltministers war somit noch Teil einer effektiven und sachgerechten Vorbereitung und Ausübung des Weisungsrechts nach Art. 85 IIII GG und daher auch von der Sachkompetenz des Bundes gedeckt.[247]

---

[246] BVerfGE 104, 249, 265.
[247] Hier kann indes auch eine andere Meinung vertreten werden. Siehe insoweit auch das Sondervotum der Richter *Di Fabio* und *Mellinghoff* in BVerfGE 104, 249 ff.

b) Überleitung der Sachkompetenz vom Bund auf das Land

Wie oben bereits ausgeführt, liegt bei der Bundesauftragsverwaltung die Sachkompetenz zunächst allerdings bei den Ländern und nicht beim Bund. Der Bund kann daher sein Handeln nur dann auf die ihm zustehende Sachkompetenz stützen, wenn er diese zuvor deutlich erkennbar - ausdrücklich oder konkludent – an sich gezogen und das Land auf diese Weise auf seine Wahrnehmungskompetenz beschränkt hat.[248] Nur so lassen sich verfassungsrechtlich unzulässige Doppelzuständigkeiten[249] vermeiden.

Hier hat der Bundesumweltminister vor dem Beginn der Verhandlungen mit den Energieerzeugern dem zuständigen Landesminister eine Weisung mit einem umfassenden Zustimmungsvorbehalt erteilt. Aus dieser lässt sich **zumindest konkludent** entnehmen, dass der Bund die zukünftigen Genehmigungsverfahren im verfassungsrechtlichen Binnenverhältnis zu begleiten gedenkt. Folglich hat der Bund die ihm zukommende Sachkompetenz zuvor auf sich übergeleitet.

c) Ergebnis

Die Verhandlungen des Bundesumweltministers mit den Energieversorgern, einschließlich des Abschlusses des Atomkonsenses, waren von der dem Bund in diesem Fall aus Art. 85 III GG zukommenden Sachkompetenz erfasst. Dass der Bundesumweltminister anderweitig gegen Rechte des Landes Hessen aus dem GG verstoßen haben könnte, ist ebenfalls nicht ersichtlich.

2. Ergebnis Begründetheit zweiter Antragsgegenstand

Somit ist das Bund-Länder-Streitverfahren auch hinsichtlich des zweiten Antragsgegenstandes nicht begründet.

---

[248] BVerfGE 104, 249, 266 f.
[249] BVerfGE 36, 193, 202 f.

III. Ergebnis Begründetheit

Der Antrag ist daher nicht begründet.

C. Gesamtergebnis

Der Antrag ist zwar zulässig aber nicht begründet. Ein Verfahren vor dem Bundesverfassungsgericht hat daher keine Aussicht auf Erfolg.

Hinweis: Es handelte sich hier um einen sehr schwierigen Fall, der so wahrscheinlich nicht in einer Anfängerklausur abgefragt werden würde. Er eignet sich aber durchaus als Grundlage für eine Hausarbeit.

134

Die verfassungsrechtliche Grundentscheidung für den Bundesstaat (Art. 20 I GG) erfordert die Aufteilung der Staatsfunktionen zwischen Bund und Ländern. Neben der Verteilung der Zuständigkeiten auf dem Gebiet der Gesetzgebung[250] und der Rechtsprechung ist daher auch eine Verteilung der Zuständigkeiten auf dem Gebiet der vollziehenden Gewalt (der Verwaltung) erforderlich. Zu unterscheiden ist in diesem Zusammenhang zwischen der **gesetzesakzessorischen Verwaltung** und der **nicht-gesetzesakzessorischen Verwaltung.** Gesetzesakzessorische Verwaltung ist die Verwaltungstätigkeit, die in der Ausführung[251] von Bundes- oder Landesgesetzen besteht. Nicht-gesetzesakzessorische Verwaltung meint demgegenüber die Verwaltungstätigkeit, die nicht in der Ausführung von Gesetzen besteht, also im gesetzesfreien Raum stattfindet.[252]

I. Kompetenzverteilung im Bereich der gesetzesakzessorischen Verwaltung

1. Ausführung von Landesgesetzen

Ausgangspunkt für die Verteilung der Verwaltungskompetenzen ist Art. 30 GG, der besagt, dass die Wahrnehmung der staatlichen Aufgaben und damit auch die Verwaltungstätigkeit Sache der Länder ist, soweit das Grundgesetz keine andere Regelung trifft oder zulässt. Für die Ausführung von **Landesgesetzen** trifft das Grundgesetz keine anderweitige Regelung, so dass hierfür nach der Grundregel des Art. 30 GG ausschließlich die Länder zuständig sind.

2. Ausführung von Bundesgesetzen

Die Verteilung der Zuständigkeiten im Bereich der **Bundesgesetze** ausführenden Verwaltung ist im VIII. Abschnitt des Grundgesetzes in den Art. 83 ff. GG geregelt. Unterschieden wird in den Art. 83 ff. GG zwischen drei verschiedenen Ausführungsformen (Vollzugstypen):

a) die Ausführung der Bundesgesetze durch die Länder als eigene Angelegenheit, Art. 84 GG **(Eigenverwaltung der Länder),**

b) die Ausführung der Bundesgesetze durch die Länder im Auftrag des Bundes, Art. 85 GG **(Bundesauftragsverwaltung)** und

c) die Ausführung der Bundesgesetze durch den Bund, Art. 86 GG **(bundeseigene Verwaltung).**

---

[250] Siehe zur Verteilung der Gesetzgebungskompetenzen den Vertiefungsteil zum Fall 3.

[251] Ausführung von Gesetzen ist die Verwirklichung der Gesetze durch die vollziehende Gewalt.

[252] *Degenhart,* Staatsrecht I Rn 168.

Eine Aussage darüber, wann welcher Verwaltungstyp Anwendung findet, trifft Art. 83 GG, der gegenüber dem Art. 30 GG die speziellere Vorschrift darstellt: Demnach führen die Länder die Bundesgesetze als eigene Angelegenheit aus, soweit das Grundgesetz nichts anderes bestimmt. Regelfall ist somit die Eigenverwaltung nach Art. 84 GG. Eine Bundesauftragsverwaltung bzw. eine bundeseigene Verwaltung findet nur dann statt, wenn dies im Grundgesetz ausdrücklich vorgesehen ist.

Merke: Ähnlich dem Art. 70 I GG im Bereich der Gesetzgebungskompetenzen, gibt es mit dem Art. 83 GG also auch eine spezielle Grundsatznorm für die Verteilung der Verwaltungskompetenzen. Unbedingt zu beachten ist aber, dass Art. 83 GG nur für die gesetzesakzessorische Verwaltung und hier nur für die Ausführung von Bundesgesetzen gilt. Art. 83 GG regelt nicht die Verteilung der Zuständigkeiten im Bereich der nichtgesetzesakzessorischen Verwaltung. Auch die Frage, wer für die Ausführung der Landesgesetze zuständig ist, wird in Art. 83 GG nicht geregelt. In beiden Fällen ist auf Art. 30 GG zurückzugreifen.

---

a) Die Ausführung der Bundesgesetze durch die Länder als eigene Angelegenheit, Art. 84 GG (Eigenverwaltung der Länder)

Die Ausführung der Bundesgesetze durch die Länder als eigene Angelegenheit ist in Art. 84 GG geregelt. Sie ist nach Art. 83 GG der Regelfall. Eigenverwaltung der Länder meint, dass die Länder die Bundesgesetze nach eigenen Zweckmäßigkeitserwägungen in eigener Verantwortung ausführen. Sie regeln grundsätzlich auch das Verwaltungsverfahren und die Behördenorganisation (Art. 84 I 1 GG). Sofern ein Bundesgesetz etwas anderes bestimmt, können die Länder davon abweichende Regelungen treffen (Art. 84 I 2 GG). Nur in Ausnahmefällen kann der Bund wegen des besonderen Bedürfnisses nach einer bundeseinheitlichen Regelung durch ein Zustimmungsgesetz das Verwaltungsverfahren (nicht die Einrichtung der Behörden) ohne Abweichungsmöglichkeit für die Länder regeln (Art. 84 I 5, 6 GG).[253]

Die Länder unterstehen bei der Ausführung der Bundesgesetze nur einer beschränkten **Rechtsaufsicht** durch den Bund (Art. 84 III, IV GG), nicht jedoch einer Bundesaufsicht hinsichtlich der Zweckmäßigkeit ihres Handelns. Einzelweisungen sind grundsätzlich ausgeschlossen.[254] Nur unter den engen Voraussetzungen des Art. 84 V GG ist es der Bundesregierung möglich, Einzelweisungen zu erteilen, die dann allerdings nicht nur Rechtsfragen, sondern auch Sachfragen betreffen können.[255] Allgemeine Verwaltungsvorschriften kann der Bund nur mit Zustimmung des Bundesrates erlassen, Art. 84 II GG.

---

[253] Siehe dazu auch *Thiele*, JA 2006, 714 ff.
[254] Vgl. hierzu *Degenhart*, Staatsrecht I Rn 169.
[255] *Maurer*, Staatsrecht I, § 18 Rn 13.

b) Die Ausführung der Bundesgesetze durch die Länder im Auftrag des Bundes, Art. 85 GG (Bundesauftragsverwaltung)

Eine Bundesauftragsverwaltung nach Art. 85 GG findet nur statt, wenn dies im GG ausdrücklich bestimmt ist (etwa in den Art. 87b II, 87 c, 87d II, 89 II, 90 II, 104 a II 108 III, 120a GG). Auch im Fall der Bundesauftrags-verwaltung werden die Gesetze durch die Länder und ihre Behörden zu-nächst in eigener Verantwortung ausgeführt. Die Länder regeln die Behördenorganisation, es sei denn, ein Bundesgesetz (in diesem Fall ein Zustimmungsgesetz) bestimmt etwas anderes, Art. 85 I GG. Wie im Falle der Eigenverwaltung (Art. 84 II GG) kann die Bundesregierung mit Zustimmung des Bundesrates allgemeine Verwaltungsvorschriften er-lassen, Art. 85 II 1 GG.[256]

Anders aber als bei der Eigenverwaltung nach Art. 84 GG unterstehen die Länder nicht nur einer Rechtsaufsicht durch den Bund, sondern die Bundesaufsicht bezieht sich auch auf die **Zweckmäßigkeit** der Aus-führung (Art. 85 IV GG).[257] Ein weiterer entscheidender Unterschied zwischen der Auftragsverwaltung und der Eigenverwaltung liegt darin, dass der Bund den Ländern Einzelweisungen, die Rechts- oder Sach-fragen betreffen, erteilen kann, Art. 85 III GG (hinsichtlich der Voraus-setzungen für die Erteilung einer Einzelweisung wird auf die Ausführung-en in der Falllösung verwiesen).

c) Die Ausführung der Bundesgesetze durch den Bund, Art. 86 GG (bundeseigene Verwaltung)

Anders als bei der Eigenverwaltung nach Art. 84 GG und der Auftrags-verwaltung nach Art. 85 GG werden im Falle bundeseigener Verwaltung nach Art. 86 GG die Bundesgesetze nicht durch die Länder und ihre Ver-waltungsbehörden, sondern durch die Bundesverwaltung ausgeführt. Zu unterscheiden sind zwei Fälle: Die **bundesunmittelbare Verwaltung** und die **mittelbare Bundesverwaltung**. Bundesunmittelbare Verwaltung meint, dass Behörden des Bundes die Bundesgesetze ausführen (z.B. das Bundeskartellamt oder das Bundesverwaltungsamt). Die Bundesre-publik Deutschland handelt somit selbst durch ihre Behörden. Werden Aufgaben der Bundesverwaltung durch **rechtlich verselbständigte Kör-perschaften**, **Anstalten** oder **Stiftungen des Öffentlichen Rechts** wahr-genommen (z.B. Bundesagentur für Arbeit oder Bundesversicherungs-anstalt), spricht man von mittelbarer Bundesverwaltung.

---

[256] Ferner kann die Bundesregierung die einheitliche Ausbildung der Beamten und Angestellten regeln, Art. 85 II S. 2 GG. Die Leiter der Mittelbehörden sind mit Einvernehmen der Bundesregierung zu bestellen, Art. 85 II S. 3 GG.

[257] Zum Zwecke der Bundesaufsicht kann die Bundesregierung Beauftragte zu allen Landesbehörden entsenden (Art. 85 IV S. 2).

Nach Art. 83, 86 GG findet eine bundeseigene Verwaltung (als bundes-unmittelbare oder mittelbare Bundesverwaltung) nur statt, wenn dies im Grundgesetz ausdrücklich vorgesehen ist. Verwaltungsaufgaben sind dem Bund insbesondere in den Art. 87 ff. GG zugewiesen. Hinzuweisen ist insbesondere auf den Art. 87 III S. 1 GG. Demnach kann der Bund für Angelegenheiten, für die ihm die Gesetzgebungskompetenz zusteht, selbständige Bundesoberbehörden (bundesunmittelbaren Verwaltung) und neue bundesunmittelbare Körperschaften und Anstalten des öffentlichen Rechts (mittelbaren Bundesverwaltung) errichten.

Im Zusammenhang mit der bundeseigenen Verwaltung wird ferner auch die Annahme **ungeschriebener Verwaltungskompetenzen des Bundes** diskutiert. Ähnlich wie im Bereich der Gesetzgebungskompetenzen, soll sich somit eine Verwaltungszuständigkeit des Bundes aus einer Kompetenz kraft Sachzusammenhangs, aus einer Annexkompetenz oder aus einer Kompetenz kraft Natur der Sache ergeben können.[258]

II. Kompetenzverteilung im Bereich der nicht-gesetzesakzessorischen Verwaltung

Die Art. 83 ff. GG beziehen sich nur auf die gesetzesausführende (gesetzesakzessorische) Verwaltung. Für die nicht-gesetzesakzessorische Verwaltung gilt daher die Grundregel des Art. 30 GG. Somit sind hierfür die Länder zuständig, soweit sich aus dem Grundgesetz nichts anderes ergibt.

Hinweis: Eine **Mischverwaltung**, also die Verknüpfung von Bundes- und Landesverwaltung bei der Erledigung von Verwaltungsaufgaben ist nach h.L. grundsätzlich unzulässig.[259] Es gilt der Grundsatz, dass Bundesgesetze entweder vom Bund oder den Ländern ausgeführt werden. Ausnahmen vom Verbot der Mischverwaltung müssen sich aus dem Grundgesetz ergeben (siehe etwa Art. 91a und 91b GG). Bund und Ländern ist es daher untersagt, neue (also nicht im GG vorgesehene) kombinierte Verwaltungsformen zu schaffen.

---

[258] Hierzu *Degenhart*, Staatsrecht I, Rn 179. Vgl. auch BVerfGE 22, 180, 216.
[259] Siehe hierzu *Maurer*, Staatsrecht I, § 18 Rn 27.

138

FALL 9: PRÜFENDER PRÄSIDENT

Die 410 Abgeordneten der regierungsbildenden A-Partei sind nicht länger bereit, die Reformvorhaben der Bundesregierung mitzutragen. Die Reformprojekte seien bei den Wählern so unpopulär, dass viele Abgeordnete befürchten, bei den nächsten Bundestagswahlen von den Wählern hierfür abgestraft zu werden. Wenn die Regierung meine, dass die Reformgesetze zwingend notwendig seien, solle sie diese doch selbst erlassen. Um dies der Regierung zu ermöglichen, bringen die Abgeordneten der A-Partei in den Bundestag das verfassungsändernde „Ermächtigungsgesetz" ein, das in das GG folgenden Art. 78 a einfügt:

Art. 78 a

(I) Bundesgesetze können außer durch den Bundestag auch durch die Bundesregierung beschlossen werden.
(II) Ein nach Absatz I beschlossenes Gesetz kommt ohne Beteiligung des Bundesrates zustande.

Das Gesetz wird mit den Stimmen der 410 Abgeordneten im Bundestag verabschiedet und findet auch die Zustimmung von 2/3 der Stimmen des Bundesrates. Als das Gesetz dem Bundespräsidenten zur Ausfertigung vorgelegt wird, verweigert dieser jedoch die Ausfertigung, da er nach einer verfassungsrechtlichen Prüfung des Gesetzes zu der Überzeugung gekommen ist, dass das Gesetz offensichtlich gegen das GG verstoße. Als ein an das GG gebundenes Staatsorgan könne er kein verfassungswidriges Gesetz ausfertigen.

Die Fraktion der A-Partei im Bundestag ist hingegen der Auffassung, dass der Bundespräsident überhaupt nicht dafür zuständig sei, Gesetze auf ihre Verfassungsmäßigkeit hin zu prüfen. Hierfür gäbe es schließlich das BVerfG. Deshalb dürfe der Bundespräsident auch nicht deren Ausfertigung verweigern. Die Fraktion der A-Partei möchte deshalb die Ausfertigung des Gesetzes vor dem BVerfG durchsetzen.

Frage: Kann sich die A-Fraktion mit Erfolg an das Bundesverfassungsgericht wenden?

Lösung Fall 9: Prüfender Präsident

Vorüberlegung: Die A-Fraktion wendet sich an das Bundesverfassungsgericht. Folglich müssen Sie sich zunächst überlegen, welches Verfahren hier in Betracht kommt und anschließend Zulässigkeit und Begründetheit des entsprechenden Verfahrens prüfen. Da es um den Bundespräsidenten geht, könnte auf den ersten Blick die Präsidentenanklage nach Art. 61 GG für einschlägig erachtet werden. Diese kommt aber nur bei einer vorsätzlichen Verletzung des GG durch den Präsidenten in Frage, vgl. Art. 61 I S. 1 GG. Ein vorsätzlicher Verfassungsverstoß durch den Bundespräsidenten liegt hier aber nicht offensichtlich vor. Daher scheidet diese Klage hier aus. Zulässig könnte aber ein Organstreitverfahren sein.

Eine Präsidentenanklage vor dem BVerfG nach Art. 61 GG scheidet hier von vornherein aus, weil diese nur bei einem vorsätzlichen Verfassungsverstoß des Bundespräsidenten erfolgreich sein kann. Vorsätzlich hat der Bundespräsident hier jedoch nicht gehandelt. In Frage kommt aber ein **Organstreitverfahren** vor dem Bundesverfassungsgericht gemäß Art. 93 I Nr. 1 GG, §§ 13 Nr. 5, 63 ff. BVerfGG. Dieses ist erfolgreich, soweit es zulässig (A) und begründet (B) ist.

A. Zulässigkeit

I. Parteifähigkeit

Die A-Fraktion als Antragsteller müsste **parteifähig** sein. In einem Organstreitverfahren sind zunächst die obersten Bundesorgane parteifähig, Art. 93 I Nr. 1 GG, § 63 BVerfGG. Zu den obersten Bundesorganen zählen die Bundestagsfraktionen allerdings nicht. Gemäß § 63 BVerfGG sind jedoch auch Teile eines obersten Bundesorgans parteifähig, wenn sie im GG oder in der jeweiligen Geschäftsordnung mit eigenen Rechten ausgestattet sind. Eine Fraktion ist Teil des Organs Bundestag.[260] Die Fraktionen sind zudem durch die Geschäftsordnung des Bundestages (GOBT) mit eigenen Rechten ausgestattet, vgl. etwa § 57 II 1 GOBT. Die A-Fraktion ist somit parteifähig. Antragsgegner ist der Bundespräsident. Dessen Parteifähigkeit ergibt sich ebenfalls aus § 63 BVerfGG.

---

[260] *Ipsen*, Staatsrecht I Rn 867.

II. Antragsgegenstand

Antragsgegenstand in einem Organstreitverfahren **kann jede rechtserhebliche Maßnahme oder Unterlassung** des
Antragsgegners sein, § 64 I BVerfGG. Hier geht es um das
Unterlassen der Ausfertigung eines Gesetzes durch den
Bundespräsidenten gemäß Art. 82 I GG. Dieses Unterlassen
ist auch rechtserheblich, da ohne die Ausfertigung das Gesetz nicht in Kraft treten kann.

III. Antragsbefugnis

Gemäß § 64 I BVerfGG muss der Antragsteller ferner geltend machen, dass die Maßnahme oder Unterlassung des
Antragsgegners ihn oder dem Organ, dem er angehört, in
seinen Rechten und Pflichten aus dem GG verletzt oder
unmittelbar gefährdet.

In diesem Fall ist es durchaus möglich, dass der Bundespräsident gegenüber dem Bundestag aus Art. 82 I GG verpflichtet ist, die ihm zugeleiteten Gesetze auszufertigen. Es
ist daher auch denkbar, dass durch die Nichtausfertigung
des Ermächtigungsgesetzes das Gesetzgebungsrecht des
Bundestages aus Art. 76 ff., 82 I GG verletzt worden ist. Das
Gesetzgebungsrecht des Bundestages stellt zwar kein un-
mittelbares Recht einer Bundestagsfraktion dar; eine Fraktion kann aber als Teil des Organs Bundestag auch dessen
Rechte in **Prozessstandschaft** geltend machen, vgl. § 64 I
BVerfGG.[261] Somit ist die A-Fraktion antragsbefugt.

IV. Form und Frist

Die Einhaltung der Form- und Fristerfordernisse aus §§ 23 I,
64 II BVerfGG und § 64 III BVerfGG wird unterstellt.

V. Ergebnis Zulässigkeitsprüfung

Das Organstreitverfahren ist **zulässig**.

---

[261] *Schlaich/Korioth*, Bundesverfassungsgericht Rn 94.

B. Begründetheit

Das Organstreitverfahren ist begründet, soweit die Unterlassung des Bundespräsidenten, also die Nichtausfertigung des Ermächtigungsgesetzes, verfassungswidrig war und hierdurch das Gesetzgebungsrecht des Bundestages aus Art. 76 ff., 82 I GG, das durch die A-Fraktion geltend gemacht wird, verletzt worden ist.

Dies ist der Fall, **wenn der Bundespräsident** gegenüber dem Bundestag nach dem Grundgesetz **verpflichtet** war, das Ermächtigungsgesetz **auszufertigen**.

I. Pflicht zur Ausfertigung

Ausgangspunkt der anzustellenden Überlegungen ist zunächst der **Wortlaut des Art. 82 I 1 GG**. Aus dem Wortlaut „werden ausgefertigt" folgt, dass der Bundespräsident grundsätzlich verpflichtet ist, die ihm zugeleiteten Gesetze auch auszufertigen.[262] Ein politisches Entscheidungsermessen (ein politisches Prüfungsrecht) steht dem Bundespräsidenten nicht zu. Er hat daher auch die Gesetze auszufertigen, die er nicht für politisch opportun hält.

Fraglich ist allerdings, ob der Bundespräsident auch verpflichtet ist, Gesetze auszufertigen, die seiner Ansicht nach formell und/oder materiell verfassungswidrig sind. Diese Frage wird unter dem **Stichwort „formelles und materielles Prüfungsrecht des Bundespräsidenten"** diskutiert.[263]

Achtung: Die Bezeichnung Prüfungsrecht ist an sich unzutreffend, da es ja in erster Linie um die Frage geht, ob der Bundespräsident das Recht hat, die Ausfertigung eines Gesetzes zu verweigern oder nicht. Im juristischen Sprachgebrauch hat sich jedoch die Bezeichnung „Prüfungsrecht des Bundespräsidenten" für diesen verfassungsrechtlichen Problemkomplex durchgesetzt,[264] so dass auch Sie diesen Begriff in Ihrer Klausur verwenden sollten.

---

[262] Diese Pflicht folgt ferner aus dem Grundsatz der Unverrückbarkeit des parlamentarischen Votums, *Jarass/Pieroth*, Art. 82 GG Rn 2.
[263] Siehe hierzu etwa *Degenhart*, Staatsrecht I Rn 562 ff.
[264] So z.B. *Ipsen*, Staatsrecht I Rn 488.

142

II. Formelles Prüfungsrecht[265]

Aus dem Wortlaut des Art. 82 I S. 1 GG, der besagt, dass der Bundespräsident die Gesetze ausfertigt und verkündet, *„die nach den Vorschriften dieses Grundgesetzes"* zustande gekommen sind, folgt nach allgemeiner Ansicht, dass der Bundespräsident formell verfassungswidrige Gesetzes nicht auszufertigen hat. **Ihm steht ein formelles Prüfungsrecht zu.**[266] Der Bundespräsident darf somit prüfen, ob die Gesetzgebungszuständigkeit des Bundes gem. Art. 70 ff. GG gegeben ist, das Gesetzgebungsverfahren ordnungsgemäß durchgeführt worden ist und die Erfordernisse an die Form eingehalten worden sind.[267] Ist dies nicht der Fall, darf er die Ausfertigung verweigern.

An der formellen Verfassungsmäßigkeit des „Ermächtigungsgesetzes" bestehen hier jedoch keine Zweifel. Die Gesetzgebungszuständigkeit des Bundes für verfassungsändernde Gesetze folgt aus Art. 79 I, II GG. Ferner ist von einer ordnungsgemäßen Durchführung des Gesetzgebungsverfahrens auszugehen. Insbesondere sind die qualifizierten Mehrheitserfordernisse des Art. 79 II GG (2/3 Mehrheit) eingehalten worden. Auch wird der Wortlaut des GG ausdrücklich durch das Ermächtigungsgesetz ergänzt. Das Formerfordernis des Art. 79 I 1 GG ist somit ebenfalls erfüllt. **Folglich ist das „Ermächtigungsgesetz" formell verfassungsgemäß.** Daher kann der Bundespräsident auf der Grundlage seines formellen Prüfungsrechts die Ausfertigung des Ermächtigungsgesetzes nicht verweigern.

---

[265] Das formelle Prüfungsrecht des Bundespräsidenten spielte zuletzt beim Streit um das Zuwanderungsgesetz eine Rolle. In diesem Zusammenhang wird auf den Beitrag von *Johannes Rau* „Vom Gesetzesprüfungsrecht des Bundespräsidenten", DVBl 2004, 1 hingewiesen.

[266] *Ipsen*, Staatsrecht I Rn 488.

[267] *Ipsen*, Staatsrecht I Rn 488.

III. Materielles Prüfungsrecht

Das Ermächtigungsgesetz ist zwar formell verfassungsgemäß, es könnte allerdings gegen das in Art. 20 II S. 2 GG niedergelegte **Gewaltenteilungsprinzip** als Teil des Rechtsstaatsprinzips, gegen das **Demokratieprinzip** (Art. 20 I, II S. 1 GG) und das **Bundesstaatsprinzip** (Art. 20 I GG) verstoßen. Gemäß Art. 79 III GG sind die in Art. 20 GG niedergelegten Grundsätze jedoch unabänderlich; dies gilt nach Art. 79 III GG auch für die **grundsätzliche Mitwirkung der Länder bei der Gesetzgebung** des Bundes. Mithin könnte das verfassungsändernde Ermächtigungsgesetz materiell verfassungswidrig sein und der Bundespräsident aus diesem Grund berechtigt sein, die Ausfertigung zu verweigern.

Dann müsste dem Bundespräsidenten neben einem formellen Prüfungsrecht auch ein **materielles Prüfungsrecht** zukommen. Ob dies der Fall ist, ist allerdings umstritten. Teilweise wird ein materielles Prüfungsrecht gänzlich abgelehnt, teilweise wird es bejaht, schließlich wird es nur für Fälle einer aufdrängenden Verfassungswidrigkeit angenommen, also lediglich eine Evidenzkontrolle des Bundespräsidenten bejaht.[268]

> **Achtung:** Ob das „Ermächtigungsgesetz" tatsächlich gegen Art. 79 III i.V.m. Art. 20 GG verstößt, können Sie an dieser Stelle noch offen lassen, da diese Frage erst von Relevanz ist, wenn dem Bundespräsidenten tatsächlich ein materielles Prüfungsrecht zusteht.

a) Wortlaut des Art. 82 I 1 GG

Ausgangspunkt dieser Frage ist auch hier der Wortlaut des Art. 82 I 1 GG. Dieser ist insofern jedoch nicht eindeutig. Die Formulierung *„nach den Vorschriften des GG zustande gekommen"* enthält zwar keine Einschränkung auf bestimmte Vorschriften des GG, so dass sich Art. 82 I 1 GG auch auf

---

[268] Entsprechende Nachweise für die einzelnen Meinungen finden sich bei *Bryde*, in: v. Münch/Kunig, Art. 82 Rn 4 ff.

die Übereinstimmung mit materiellen Vorschriften des GG beziehen könnte. Allerdings lässt sich der Wortlaut des Art. 82 I 1 GG auch so verstehen, dass nur die formellen Vorschriften im Grundgesetz (Zuständigkeit, Verfahren, Form) gemeint sind. Hierfür spricht auch der Wortlaut des Art. 78 GG mit der Formulierung *„kommt zustande"*, die sich auf das Gesetzgebungsverfahren und damit auf eine formelle Vorschrift bezieht.

b) Gewaltenteilung

Gegen ein materielles Prüfungsrecht könnte ferner vorgebracht werden, dass ein solches gegen den Gewaltenteilungsgrundsatz verstößt, da allein dem **Bundesverfassungsgericht** die Kompetenz zukommen soll, Gesetze auf ihre Verfassungsmäßigkeit hin zu prüfen und diese gegebenenfalls für nichtig zu erklären. Die Billigung eines materiellen Prüfungsrechts des Bundespräsidenten könnte daher einen Verstoß gegen diese vom GG vorgenommene Aufteilung der Gewalten darstellen.[269]

Indes ist der Grundsatz der Gewaltenteilung im Grundgesetz nicht im Sinne einer durchgehenden scharfen Trennung verwirklicht. Die Möglichkeit einer nachträglichen Kontrolle – zudem auf Antrag – entbindet daher nicht zwangsläufig die übrigen Verfassungsorgane von der Aufgabe, schon während des Gesetzgebungsverfahrens die verfassungsrechtlichen Erfordernisse für staatliches Handeln zu beachten.[270]

Zudem ist zu beachten, dass die Entscheidung des Bundespräsidenten ihrerseits in einem **Organstreitverfahren** vor dem Bundesverfassungsgericht angegriffen werden kann, so dass dem Bundesverfassungsgericht eine abschließende Stellungnahme vorbehalten bleibt.

---

[269] Vgl. *Degenhart*, Staatsrecht I Rn 564, der dieser Argumentation jedoch nicht folgt.

[270] *Degenhart*, Staatsrecht I Rn 564.

c) Verfassungsrechtliche Stellung

Abgelehnt werden könnte das materielle Prüfungsrecht des Bundespräsidenten ferner aufgrund der im Gegensatz zur **Weimarer Reichsverfassung** schwach ausgeprägten Stellung des Bundespräsidenten nach dem GG. Dieser hat im Gegensatz zum Reichspräsidenten fast keine politischen Entscheidungsbefugnisse mehr, sondern seine Aufgaben als Staatsoberhaupt sind in erster Linie repräsentativer und staatsnotarieller Art. Allerdings handelt es sich bei der Prüfung eines Gesetzes auf seine materielle Verfassungsmäßigkeit nicht um eine Frage der politischen Staatsleitung, sondern um eine verfassungsrechtliche Frage. Daher kann auch dieses Argument nicht überzeugen[271] und läuft überdies auf einen Zirkelschluss hinaus.

d) Fehlender Mitarbeiterstab

Schließlich könnte gegen ein materielles Prüfungsrecht sprechen, dass der Bundespräsident **keinen geeigneten Mitarbeiterstab** besitzt, um Gesetze auf ihre materielle Verfassungsmäßigkeit hin zu prüfen. Auch dieses Argument kann jedoch nicht überzeugen, da der Bundespräsident zum einen externe Gutachter hinzuziehen kann, zum anderen ist dies auch kein verfassungsrechtliches Argument. Der Einwand bezieht sich vielmehr auf tatsächliche Gegebenheiten (Personalausstattung), die sich gerade umgekehrt an den verfassungsrechtlich vorgesehenen Aufgaben orientieren müssen.

e) Amtseid des Bundespräsidenten

Diejenigen, die das materielle Prüfungsrecht des Bundespräsidenten bejahen, begründen dies teilweise mit dessen **Amtseid nach Art. 56 GG**. Durch diesen verpflichtet sich der Bundespräsident zwar zu Wahrung und Verteidigung des Grundgesetzes; diese Pflicht kann der Bundespräsident durch die Ausfertigung eines Gesetzes allerdings nur dann

---

[271] Ebenso *Degenhart*, Staatsrecht I Rn 563.

146

verletzen, wenn er zur Prüfung berechtigt oder verpflichtet ist. Die Argumentation beruht insofern auf einem Zirkelschluss.

f) Präsidentenanklage

Das materielle Prüfungsrecht des Bundespräsidenten wird ferner mit dem Hinweis begründet, dass der Präsident gem. **Art. 61 I GG** vor dem Bundesverfassungsgericht wegen vorsätzlichen Verfassungsbruchs angeklagt werden kann. Aufgrund seiner rechtlichen Verantwortlichkeit müsse der Bundespräsident daher die Möglichkeit haben, verfassungswidrige Handlungen zu unterlassen. Auch diese Argumentation beruht jedoch auf einem Zirkelschluss; denn vorsätzlich gegen das Grundgesetz verstoßen kann der Bundespräsident nur, wenn er verfassungsrechtlich verpflichtet ist, materiell verfassungswidrige Gesetze nicht auszufertigen. Gerade diese Frage gilt es aber zu klären.

g) Verpflichtung auf die verfassungsmäßige Ordnung

Zwar konnte die bisherige Argumentation mit dem Amtseid und der Präsidentenanklage isoliert betrachtet nicht überzeugen. Allerdings müssen Amtseid und Präsidentenanklage auch im Zusammenhang mit **Art. 20 III GG** betrachtet werden, wonach die Verfassungsorgane an die verfassungsmäßige Ordnung gebunden sind. Hieraus folgt, dass kein Verfassungsorgan verpflichtet sein kann, Handlungen vorzunehmen, die gegen das Grundgesetz verstoßen. Für den Bundespräsidenten bedeutet dies wiederum, dass er nur solche Gesetze auszufertigen braucht, die seiner Auffassung nach im Einklang mit der Verfassung stehen. **Andernfalls müsste er sich an einem Verfassungsbruch beteiligen**. Aufgrund dieser Überlegung muss dem Bundespräsidenten somit neben einem formellen Prüfungsrecht auch ein materielles Prüfungsrecht zustehen.

Teilweise wird dieses materielle Prüfungsrecht mit dem Hinweis auf den Gewaltenteilungsgrundsatz und einer daraus resultierenden Einschätzungsprärogative des Gesetzgebers auf die Fälle eines **offensichtlichen Verfassungsbruchs** begrenzt und somit nur eine Evidenzkontrolle zugelassen.[272] Dem ist jedoch entgegenzuhalten, dass es sich beim materiellen Prüfungsrecht des Bundespräsidenten gerade nicht um eine Kompetenz handelt, die im Widerspruch zu den Kompetenzen des Gesetzgebers steht, sondern um eine zusätzliche Sicherung der Beachtung von Verfassungsrecht.[273]

Zudem bleibt vollkommen unklar, in welchen Fällen ein offensichtlicher Verfassungsverstoß angenommen werden kann und wann nicht. **Insofern ist es vorzugswürdig, ein umfassendes materielles Prüfungsrecht des Bundespräsidenten zu bejahen.**

h) Zwischenergebnis

Dem Bundespräsidenten steht ein umfassendes materielles Prüfungsrecht für die von ihm auszufertigen Bundesgesetze zu.

> **Merke:** Das Prüfungsrecht des Bundespräsidenten ist ein „**staatsrechtlicher Schulfall**".[274] Dieses Problem muss Ihnen bekannt sein. Daher noch einmal zur Wiederholung: Ein „politisches Prüfungsrecht" für Bundesgesetze steht dem Bundespräsidenten nicht zu. Ein „formelles Prüfungsrecht" wird hingegen nach allgemeiner Auffassung angenommen. Ob dem Bundespräsidenten ein *materielles* Prüfungsrecht zusteht, ist umstritten.
>
> Das Prüfungsrecht des Bundespräsidenten kann in abgewandelter Form in einer Klausur auch im Zusammenhang mit einer **Ministerernennung** auftauchen. In diesen Fällen ist zwischen einem rechtlichen und einem politischen Prüfungsrecht zu unterscheiden. Ersteres ist im Grundsatz zu bejahen, letzteres ist zu verneinen.[275]

---

[272] *Degenhart*, Staatsrecht I Rn 466; *Jarass/Pieroth*, Art. 82 Rn. 3.
[273] Vgl. *Ipsen*, Staatsrecht I Rn 492 f.
[274] *Ipsen*, Staatsrecht I Rn 490.
[275] Zur Vertiefung, *Schmidt*, Staatsorganisationsrecht Rn 604 ff.

IV. Materielle Verfassungsmäßigkeit

Da dem Bundespräsidenten ein materielles Prüfungsrecht zusteht, kann er die Ausfertigung des „Ermächtigungsgesetzes" verweigern, wenn dieses materiell verfassungswidrig ist.

> **Achtung:** Sofern Sie ein materielles Prüfungsrecht des Bundespräsidenten abgelehnt haben, müssen Sie die materielle Verfassungsmäßigkeit des Ermächtigungsgesetzes im Rahmen eines **Hilfsgutachtens** klären.

Bei dem Gesetz handelt es sich um ein **verfassungsänderndes Gesetz**. Dieses ist gemäß Art. 79 III GG allein an den Grundsätzen der Art. 1 **und** 20 GG zu messen. Zu prüfen ist demnach, ob die im Ermächtigungsgesetz für die Bundesregierung vorgesehene Befugnis zum Erlass von Gesetzen gegen diese Grundsätze verstößt.

1. Verstoß gegen den Gewaltenteilungsgrundsatz aus Art. 20 II 2 GG

In Betracht kommt hier ein Verstoß gegen den in Art. 20 II 2 GG niedergelegten Grundsatz der **Gewaltenteilung**, der zu den tragenden Elementen des Rechtsstaatsprinzips zählt. Nach Art. 20 II 2 GG wird die Staatsgewalt durch besondere Organe der Gesetzgebung, der vollziehenden Gewalt und der Rechtsprechung ausgeübt. Demnach müssen die Staatsfunktionen von **unterschiedlichen Organen** wahrgenommen werden.[276]

Zweck der Gewaltenteilung ist zum einen, durch wechselseitige Kontrolle und Hemmung der drei Staatsgewalten („**checks and balances**") zur Begrenzung staatlicher Machtausübung zu gelangen; zum anderen soll sichergestellt wer-

---

[276] Die Aufgabe der Normsetzung fällt nach dem Grundgesetz den gesetzgebenden Organen Bundestag und Bundesrat zu und zwar in der Form des Parlamentsgesetzes. Der Vollzug der Gesetze ist Aufgabe der vollziehenden Gewalt, also der Regierung und der Verwaltung. Die Rechtsprechung wird schließlich durch die Gerichte ausgeübt.

den, dass die staatlichen Funktionen bestmöglich wahrgenommen werden.[277]

Das Ermächtigungsgesetz ermächtigt die Bundesregierung als ein Organ der Exekutive zum Erlass von Gesetzen. Da nach dem freiheitlich-demokratischen System des Grundgesetzes für die Normsetzung grundsätzlich Bundestag und Bundesrat zuständig sind, könnte das Ermächtigungsgesetz insofern nicht mit dem Gewaltenteilungsgrundsatz aus Art. 20 I 2 GG vereinbar sein.

Nach dem System des GG sind die Teilgewalten jedoch nicht strikt voneinander getrennt. Es existieren zahlreiche Gewaltenverschränkungen organisatorischer, personeller und funktioneller Art. So kann etwa auch die Exekutive unter den Voraussetzungen des Art. 80 I GG Normsetzungsfunktionen übernehmen. Der Bundestag hat wiederum Einflussmöglichkeiten auf die Exekutive, indem er den Bundeskanzler wählt und die Regierung kontrolliert.

Der Gewaltenteilungsgrundsatz des Art. 20 II 2 GG wird durch diese Überschneidungen auch nicht verletzt, solange eine Gewalt nicht in den **Kernbereich** der anderen Gewalt eingreift.[278] Dies wiederum wird erst angenommen, wenn ein Übergewicht der einen Gewalt über die andere Gewalt existiert.[279]

Ureigenste Aufgabe und damit Teil des Kernbereichs der Legislative ist die Normsetzung in der Form des Parlamentsgesetzes. Durch das Ermächtigungsgesetz wird diese Aufgabe nun auch auf die Bundesregierung übertragen.
Die Bundesregierung ist zwar auch durch das GG zur Normsetzung in der Form der Rechtsverordnung befugt. Die Rechtsverordnung steht jedoch in der Rangordnung der Rechtsnormen unterhalb des Parlamentsgesetzes.[280]

---

[277] Zum Grundsatz der Gewaltenteilung siehe *Ipsen* Staatsrecht I Rn 739 ff.; *Maurer*, Staatsrecht I, § 12 Rn 1 ff.
[278] *Ipsen*, Staatsrecht I Rn 753.
[279] BVerfGE 9, 268, 279.
[280] *Maurer*, Staatsrecht I, § 17 Rn 22.

Voraussetzung für den Erlass einer Rechtsverordnung durch die Bundesregierung ist nach Art. 80 I GG zudem immer eine gesetzliche Ermächtigung durch das Parlament, in der Inhalt, Zweck und Ausmaß festgelegt sein müssen.

Diese Voraussetzungen würden mit dem In-Kraft-Treten des Ermächtigungsgesetzes und der einhergehenden Änderung des GG entfallen. Die Bundesregierung wäre auch ohne gesetzliche Ermächtigung zur Rechtsetzung befugt und könnte Gesetze im Range eines Parlamentsgesetzes erlassen.

Sie könnte also anstelle des parlamentarischen Gesetzgebers in dessen Kernbereich tätig werden. Zusätzlich bliebe die Bundesregierung weiterhin für die Ausführung der Gesetze zuständig. **Damit würde ein Übergewicht exekutiver Gewalt über die legislative Gewalt existieren.** Das Ermächtigungsgesetz verstößt somit gegen den Gewaltenteilungsgrundsatz aus Art. 20 II 2 GG.

2. Verstoß gegen das Demokratieprinzip aus Art. 20 I, II 1 GG

Das Ermächtigungsgesetz könnte ferner im Widerspruch zum **Demokratieprinzip** aus Art. 20 I, II 1 GG stehen. Kerngehalt des Demokratieprinzips ist, dass sämtliche Äußerungen der Staatsgewalt ihren Ausgangspunkt im Willen des Volkes haben müssen und dementsprechend durch diesen Volkswillen begründet und gerechtfertigt sein müssen.[281]

Werden Fragen von grundsätzlicher Bedeutung - insb. Eingriffe in Grundrechte - durch Normsetzung geregelt, so folgt aus dem Demokratieprinzip ferner, dass dies nur

- auf der Grundlage unmittelbarer demokratischer Legitimation,
- in einem Verfahren mit freier Willensbildung und voller Publizität und

---

[281] *Katz*, Staatsrecht, 16. Auflage Rn 139; *Maurer*, Staatsrecht I, § 7 Rn 20.

- unter optimaler Berücksichtigung und einem optimalen Ausgleich der unterschiedlichen Interessen zu erfolgen hat.

Entsprechende Fragen dürfen daher nur durch den parlamentarischen Gesetzgeber (Bundestag und Bundesrat) gesetzlich geregelt werden (**sog. Wesentlichkeitstheorie**[282]).

Aufgrund des verfassungsändernden Ermächtigungsgesetzes könnte zukünftig auch die Bundesregierung Fragen von grundsätzlicher Bedeutung gesetzlich regeln. Diese ist aber weder unmittelbar demokratisch legitimiert noch wären die übrigen eben genannten Voraussetzungen hinreichend erfüllt. Daher verstößt das „Ermächtigungsgesetz" auch gegen das Demokratieprinzip aus Art. 20 I, II 1 GG.[283]

3. Verstoß gegen das Bundesstaatsprinzip, Art. 20 I GG und die in Art. 79 III GG gewährleistete Mitwirkung der Länder bei der Gesetzgebung

Das Ermächtigungsgesetz könnte ferner gegen das Bundesstaatsprinzip aus Art. 20 I GG verstoßen. Zum wesentlichen Inhalt des Bundesstaatsprinzips gehört die Beteiligung der Länder an der Gesetzgebung.

Die Länder müssen zur Wahrung ihrer Interessen **in ausreichender Weise an der Bundesgesetzgebung partizipieren** können.[284] Dies legt Art. 79 III GG auch noch einmal ausdrücklich fest und untersagt eine entsprechende Änderung des GG.

---

[282] Vgl. *Ipsen*, Staatsrecht I Rn 754.

[283] Vertretbar wäre hier auch, einen Verstoß gegen das Demokratieprinzip mit der Begründung abzulehnen, dass Gesetze, in denen Fragen von wesentlicher Bedeutung geregelt werden, auch weiterhin nur durch den Bundestag und den Bundesrat erlassen werden dürfen und nicht in dem Verfahren nach Art. 78 a GG. Diese Auslegung des Art. 78 a GG stünde allerdings klar im Widerspruch zur Intention des Gesetzgebers. Die Abgeordneten der A-Fraktion wollten ja gerade die Bundesregierung ermächtigen, die Reformvorhaben umfassend und ohne Mitwirkung des Bundestages gesetzlich zu regeln.

[284] Siehe zum Bundesstaatsprinzip den Vertiefungsteil zu Fall 3.

Das verfassungsändernde Ermächtigungsgesetz schließt eine Beteiligung des Bundesrates für Gesetze, die von der Bundesregierung beschlossen werden, aus (vgl. den einzufügenden Art. 82a II). Die Länder könnten also nicht mehr zur Wahrung ihrer Interessen an der Bundesgesetzgebung partizipieren. Daher verstößt das Ermächtigungsgesetz auch gegen das Bundesstaatsprinzip aus Art. 20 I GG.

4. Ergebnis zur materiellen Verfassungsmäßigkeit

Das verfassungsändernde Ermächtigungsgesetz verstößt gegen die in Art. 20 GG niedergelegten Grundsätze (Gewaltenteilungsgrundsatz, Demokratieprinzip und Bundesstaatsprinzip) sowie gegen die durch Art. 79 III ausdrücklich gewährleistete Mitwirkung der Länder bei der Gesetzgebung. Nach Art. 20 iVm 79 III GG ist es daher materiell verfassungswidrig.

V. Ergebnis Begründetheit

Dem Bundespräsidenten steht ein materielles Prüfungsrecht zu, ferner ist das Ermächtigungsgesetz auch materiell verfassungswidrig. **Der Bundespräsident ist demzufolge berechtigt, das Gesetz nicht auszufertigen.** Mithin liegt kein Verfassungsverstoß seitens des Bundespräsidenten vor, welcher den Bundestag in seinen verfassungsrechtlichen Rechten verletzt. Damit ist das Organstreitverfahren nicht begründet.

C. Gesamtergebnis

Das Organstreitverfahren ist zwar zulässig aber **unbegründet**.

VERTIEFUNG FALL 9: DAS RECHTSSTAATSPRINZIP[285]

1. Überblick

Die Bundesrepublik ist ein Rechtsstaat. Das Rechtsstaatsprinzip wird allerdings in Art. 20 GG nicht ausdrücklich genannt. Überhaupt taucht der Begriff nur sehr versteckt an zwei Stellen innerhalb des GG auf: in Art. 28 GG (**Homogenitätsprinzip**) und Art. 23 GG (**Europäische Integration**). Dennoch war der Parlamentarische Rat als Verfassungsgeber nach den schrecklichen Erfahrungen der NS-Zeit bemüht, eine rechtsstaatliche Ordnung aufzubauen und durch entsprechende Garantien abzusichern. Insgesamt ergibt sich das Rechtsstaatsprinzip daher nicht aus einer einzelnen Norm des GG, sondern vielmehr aus einer **Zusammenschau der unterschiedlichen Bestimmungen**, insbesondere der Art. 1, 20 III, 19 IV, 28 I 1 GG.[286] In der Literatur wird häufig etwas verkürzend auf Art. 20 III GG verwiesen, auch das BVerfG verfährt in neueren Entscheidungen so.

Nach *Maurer* ist der Rechtsstaat ein Staat, in dem nicht nur die Beziehungen zwischen den Bürgern, sondern auch das Verhältnis zwischen dem Staat und dem Bürger und auch der innerstaatliche Bereich rechtlich geregelt sind.[287]

> Der **Rechtsstaat** ein Staat, in dem nicht nur die Beziehungen zwischen den Bürgern, sondern auch das Verhältnis zwischen dem Staat und dem Bürger und auch der innerstaatliche Bereich rechtlich geregelt sind (*Maurer*).

Die gesamte Ausübung der Staatsmacht ist damit rechtlich gebunden − anders etwa als im Polizei- oder Willkürstaat. Der einzelne Bürger wird als Mensch anerkannt und zwar als Person und Rechtssubjekt.

2. Formeller/materieller Rechtsstaat

Unterscheiden lassen sich der **formelle** und der **materielle Rechtsstaat**. Im formellen Rechtsstaat bildet das Gesetz den zentralen Begriff. Gesetze gestatteten etwa in der *konstitutionellen Monarchie* einen Eingriff in Freiheit und Eigentum. Inhaltlich unterlag ein solches Gesetz jedoch keinerlei Beschränkungen.

---

[285] **Leitentscheidungen**: BVerfGE 13, 225 (Bahnhofsapotheke); E 25, 269 (Verbot rückwirkender Strafgesetze); E 47, 46 (Sexualkunde); E 58, 300 (Nassauskiesungsbeschluss); E 77, 1 (Untersuchungsausschüsse); E 82, 106 (Unschuldsvermutung); E 95, 96 (Mauerschützen); E 98, 218 (Rechtschreibreform).

[286] Vgl. BVerfGE 2, 280. Siehe hierzu auch die Themenarbeit zum Rechtsstaat in *Brinktrine/Sarcevic*, Fallsammlung zum Staatsrecht, Klausur 12.

[287] *Maurer*, Staatsrecht I, § 8 Rn 5. *Badura*, Staatsrecht, 3. Auflage 2003, D 45 bezeichnet den Rechtsstaat als einen Staat gesetzmäßiger Freiheit.

Das Parlament war frei und unterlag prinzipiell keinerlei Bindungen. Der Gedanke etwa, das Parlament könnte ein ungerechtes Gesetz erlassen oder gar generell willkürlich handeln, lag fern. Durch die mit der Industrialisierung aufkommenden Probleme sowie durch die Erfahrungen, die während zweier Weltkriege gemacht wurden, wurde jedoch erkennbar, dass auch Parlamentsgesetze „ungerecht" sein können. Geboren war damit der materielle Rechtsstaat. Er verlangt, dass die Gesetze auch gewissen inhaltlichen Anforderungen genügen müssen: sie müssen sozial gerecht sein.

Im Grundgesetz greifen formelle und materielle Rechtsstaatselemente ineinander. So findet sich in Art. 20 III GG das **Primat des Gesetzes**: Es soll zentraler Bezugspunkt und Äußerungsform der staatlichen Machtausübung darstellen, alle Teilgewalten sind an Gesetz und Recht gebunden. Das Gesetz hat seine besondere Bedeutung mithin nicht verloren. Der materielle Gehalt des Rechtsstaatsprinzips folgt ebenfalls aus Art. 20 III GG (iVm Art. 1 III GG), wodurch die Gesetzgebung an die verfassungsmäßige Ordnung und damit insbesondere an die Grundrechte gebunden wird.

3. Inhalte des Rechtsstaatsprinzips im GG

Auch das Rechtsstaatsprinzip des GG enthält einen über Art. 79 III GG unveränderlichen Kern. Dieser wird im Folgenden dargestellt. Er umfasst insbesondere

- die Grundrechte,
- den Kernbereich der Gewaltenteilung,
- die Gesetzmäßigkeit der Verwaltung,
- den Rechtsschutz,
- die Verhältnismäßigkeit,
- die Rechtssicherheit und
- die Staatshaftung.

a) Grundrechte, insbesondere Menschenwürde

Wesentliche Ausprägung des materiellen Rechtsstaates bildet die Gewährung von Grundrechten. Die Gesetzgebung ist über Art. 1 III GG an die Grundrechte gebunden. Grundrechte entziehen damit bestimmte Bereiche der politischen Entscheidung.[288] Eine Verfassungsgerichtsbarkeit ist zwar zweckmäßig, wird indes vom Rechtsstaatsprinzip nicht gefordert.

---

[288] *Roellecke*, in: Umbach/Clemens, Das Grundgesetz, Art. 20 Rn 62.

b) Gewaltenteilung

Der Grundsatz der Gewaltenteilung[289] zählt zu den tragenden Elementen des Rechtsstaatsprinzips.[290] Das GG nennt dieses Prinzip in Art. 20 II GG, wo es die Ausübung der Staatsgewalt besonderen Organen der Gesetzgebung, der vollziehenden Gewalt und der Rechtsprechung überträgt. Diese Staatsfunktionen müssen also von unterschiedlichen Organen wahrgenommen werden. Man spricht insoweit von **sachlicher Funktionentrennung**. Eine Gewaltenteilung in „Reinform" verwirklicht das GG indes nicht. Vielmehr bestehen zahlreiche Überschneidungen und Verzahnungen der einzelnen Gewalten. So bestehen beispielsweise Mitwirkungsrechte und Einflussmöglichkeiten der Legislative auf die Exekutive, etwa bei der Wahl des Kanzlers. Die Bundesregierung als Exekutive kann in den Bereich der Legislative hineinwirken (siehe Art. 76, 80 GG). Eine relativ strikte Trennung hingegen verwirklicht das GG für den Bereich der Judikative. Sowohl der Legislative als auch der Exekutive ist es verwehrt, punktuell Rechtsprechungsaufgaben wahrzunehmen, vgl. Art. 92, 97 ff GG.

Problematisch ist jedoch die Frage, bis zu welcher Grenze solche Überschneidungen (etwa im Falle von Verfassungsänderungen) zulässig sind. Das BVerfG hat hier den Begriff des **Kernbereichs** geprägt. Danach sind Eingriffe einer Gewalt in den Kernbereich einer anderen Gewalt nicht zulässig. Was jedoch den Kernbereich der einzelnen Gewalten ausmacht, ist oftmals nicht eindeutig. Eine unzulässige Beeinträchtigung des Kernbereichs exekutivischer Eigenverantwortung soll etwa dann vorliegen, wenn der Bundestag einen Untersuchungsausschuss einberuft, der sich mit einem laufenden Verfahren der Bundesregierung befasst.[291]

c) Gesetzmäßigkeit der Verwaltung

Alle staatlichen Organe sind bei ihren Handlungen an das geltende Recht gebunden. Dies folgt zunächst aus Art. 20 III GG, wird in Art. 1 III GG bzgl. der Grundrechte besonders hervorgehoben und in Art. 97 I GG für die Rechtsprechung klargestellt. Die staatlichen Organe müssen also die Gesetze und die Verfassung achten. Man spricht hier vom **Vorrang des Gesetzes**.

---

[289] Vgl. hierzu insbesondere die Ausführungen *Montesquieus* in seinem bekannten Werk „De l´esprit des Lois" (Vom Geist der Gesetze) aus dem Jahre 1748. Vgl. auch *Heun*, Das Konzept der Gewaltenteilung in seiner verfassungsgeschichtlichen Entwicklung, in: Starck, Staat und Individuum im Kultur- und Rechtsvergleich 2000, S. 95 ff.

[290] Siehe *Ipsen*, Staatsrecht I Rn 739 ff.

[291] Ausführlich zu diesem Problem *Kuhl*, Der Kernbereich der Exekutive, Diss. Göttingen 1992.

> Der **Vorrang des Gesetzes** gilt ausnahmslos für alle Arten der staatlichen Tätigkeit und verlangt die Einhaltung der geltenden Gesetze (Art. 20 III GG). Merksatz: Kein Handeln <u>gegen</u> das Gesetz!

Eine Besonderheit besteht indes für den parlamentarischen Gesetzgeber, also den Bundestag. Dieser ist allein an die Verfassung gebunden. Sofern von ihm erlassene Gesetze gegen die Verfassung verstoßen, sind sie nichtig. Demgegenüber ist er nicht an bereits erlassene Gesetze gebunden. Vielmehr greift hier der **„lex posterior-Grundsatz"**. Verstöße gegen das Vorrangprinzip führen sowohl bei Rechtsverordnungen als auch bei Satzungen grds. zu deren Nichtigkeit. Verwaltungsakte (vgl. § 35 VwVfG) dagegen sind in einem solchen Fall zwar rechtswidrig aber grds. zunächst wirksam, wenn sie nicht ausnahmsweise gemäß § 44 VwVfG nichtig sind.

Vom Vorrang des Gesetzes ist der **Vorbehalt des Gesetzes** zu unterscheiden. Das Prinzip des Vorbehalts des Gesetzes verlangt, dass die Exekutive im konkreten Fall nur dann tätig werden darf, wenn sie durch Gesetz oder aufgrund eines Gesetzes hierzu ermächtigt worden ist.[292]

> Der **Vorbehalt des Gesetzes** verlangt für ein Tätigwerden der Verwaltung eine gesetzliche Grundlage. Er folgt aus einer Zusammenschau des Rechtsstaats- und Demokratieprinzips sowie den Grundrechten. Merksatz: Kein Handeln <u>ohne</u> das Gesetz!

Die Reichweite des Vorbehalts des Gesetzes bereitet in der Praxis immer wieder Probleme. Es ist also fraglich, für welche Entscheidungen die Verwaltung eine Ermächtigung nachweisen muss, während der Vorrang des Gesetzes unstreitig immer gilt: Die Verwaltung darf niemals gegen bestehende Gesetze verstoßen. Nach wohl überwiegender Ansicht lassen sich folgende Grundsätze festhalten:

- Im Bereich der **Eingriffsverwaltung**, also insbesondere bei Eingriffen in Freiheit und Eigentum greift der Vorbehalt. Die Verwaltung bedarf einer gesetzlichen Grundlage. Dies folgt bereits aus dem Gesetzesvorbehalt der Grundrechte, da jedenfalls der Schutzbereich des Art. 2 I GG betroffen ist.
- Im Bereich der **Leistungsverwaltung** (etwa Subventionen, Bürgschaften etc.) ist fraglich, ob der Vorbehalt greift. Hier besteht ja die Besonderheit, dass der Bürger nicht Eingriffe des Staates erdulden muss, sondern vom Staat etwas erhält. Der Schutz, den das Erfordernis einer gesetzlichen Grundlage bietet, scheint mithin weniger erforderlich. Indes ist auch zu beachten, dass eine nicht erteilte Subvention für den Einzelnen weit schlimmere Konsequenzen haben kann als die Erhebung einer

---

[292] *Maurer*, Staatsrecht I, § 8 Rn 19.

geringen Gebühr. Andererseits ist erforderlich, dass die Behörden auch mit der notwendigen Flexibilität etwa im Fall einer Naturkatastrophe finanziell aushelfen können. In der Literatur herrschend ist daher der sogenannte **abgeschwächte Gesetzesvorbehalt**. Danach ist zwar eine gesetzliche Grundlage nicht erforderlich, jedoch müssen die Mittel zum Schutz der Finanzhoheit des Parlaments zumindest im **Haushaltsplan** mit einer entsprechenden Zweckbestimmung ausgewiesen sein. Eine gesetzliche Grundlage ist jedoch ausnahmsweise dann notwendig, wenn Grundrechte Dritter betroffen sind.

Beispiel: Behörde X bewilligt dem Unternehmen H der Stadt G eine Subvention in Millionenhöhe. Das einzige Konkurrenzunternehmen befürchtet daher einen enormen Umsatzrückgang, eventuell droht sogar Insolvenz.

- Probleme treten neuerdings bei der Frage **behördlicher Warnungen** auf.[293] So kommt es vor, dass die Bundesregierung etwa vor einer bestimmten Sekte warnt oder auf schädliche Stoffe in bestimmten Produkten hinweist. Nach üblicher Dogmatik stellen solche Vorgänge Eingriffe in die Grundrechte der Betroffenen Sekten/Unternehmen dar, die an sich den Gesetzesvorbehalt auslösen müssten. Problematisch ist indes, dass bis heute keine bundesgesetzliche Ermächtigung für solche Warnungen besteht. Das BVerfG hat sie dennoch für zulässig erklärt und in Art. 65 GG eine hinreichende Rechtsgrundlage gesehen, sofern der Verhältnismäßigkeitsgrundsatz strikt eingehalten wird.[294] Es beruft sich hierbei auf die Aufgabe der Staatsleitung, die auch solche Formen der Informationstätigkeit umfasse.[295]

Es ist damit in jedem Einzelfall anhand dieser Maßstäbe zu überprüfen, ob eine gesetzliche Grundlage erforderlich ist oder nicht. Hinzuweisen ist an dieser Stelle noch einmal auf die Tatsache, dass allein eine gewisse politische Umstrittenheit nicht den Vorbehalt auslöst. **Auch die Exekutive kann wichtige Entscheidungen treffen**, siehe nur die Rechtschreibreform.

---

[293] Siehe hierzu *Schlecht*, Behördliche Warnungen vor gesundheitsgefährdenden Stoffen, Diss. Göttingen 2001; *Schmidt*, Staatliches Informationshandeln und Grundrechtseingriff, Diss. 2004.
[294] Siehe nur BVerfG NJW 2002, 2627.
[295] Der Ansicht des BVerfG ist im Ergebnis nicht zu folgen. Es kann nicht von der Aufgabe der Staatsleitung auf eine entsprechende Eingriffsermächtigung geschlossen werden. In einem weiteren Fall hat es gar die Eröffnung des Schutzbereiches abgelehnt. Auch diese Ansicht ist abzulehnen, siehe BVerfG NJW 2002, 2622.

d) Rechtsschutz

Das Rechtsstaatsprinzip verlangt, dass der einzelne Bürger sich gegen ihn betreffende staatliche Akte gerichtlich zur Wehr setzen kann, indem er unabhängige Gerichte anrufen kann. Diese Rechtsschutzgarantie findet sich im GG in Art. 19 IV GG. Sie wurde daher auch als **Krönung des Rechtsstaats** bezeichnet. Art. 19 IV GG verlangt dabei effektiven Rechtsschutz bei der Verletzung subjektiver Rechte durch die Exekutive. Dagegen findet er nach ganz überwiegender Ansicht keine Anwendung auf die Legislative[296] und die Judikative.

> **Merke**: Art. 19 IV GG bietet Schutz *durch* und *nicht gegen* die Gerichte.

Aus Art. 19 IV GG folgt daher nicht, dass jeweils mehrere Instanzen gegeben sein müssen. Der Begriff der öffentlichen Gewalt in Art. 19 IV GG ist folglich anders zu verstehen als in Art. 93 I Nr. 4a GG, wo alle drei Gewalten gemeint sind, um einen umfassenden Grundrechtsschutz gewährleisten zu können. Art. 19 IV garantiert nicht nur, dass überhaupt Gerichte eingerichtet und angerufen werden können. Vielmehr zielt er auch auf eine tatsächlich wirksame gerichtliche Kontrolle.[297] Der Rechtsschutz muss also **effektiv** ausgestaltet sein. Erforderlich ist damit, dass die gesetzliche Regelung des Rechtsschutzes dem Bürger ermöglicht, mit seinem Anliegen in tatsächlicher wie in rechtlicher Weise Gehör zu finden. Notwendig sind auch Regelungen zum **vorläufigen und vorbeugenden Rechtsschutz**. Zudem muss gewährleistet sein, dass rascher Rechtsschutz erlangt werden kann[298] und dass das Gericht im Rahmen des Verfahrens eine umfassende Nachprüfung der angefochtenen Maßnahme vornehmen kann.[299]

e) Grundsatz der Verhältnismäßigkeit[300]

Der Grundsatz der Verhältnismäßigkeit ist wohl eine der für die juristische Praxis bedeutendsten Ausprägungen des Rechtsstaats. Er gilt für die gesamte Staatstätigkeit und wird häufig auch als **Übermaßverbot** bezeichnet: Der Staat soll bei seiner Tätigkeit die Freiheit des Einzelnen nicht übermäßig einschränken.

---

[296] Siehe hierzu *Krüger/Sachs*, in: Sachs, GG-Kommentar, Art. 19 Rn 122.

[297] Siehe nur BVerfGE 35, 263 (274); E 101, 106 (122).

[298] Das gerichtliche Verfahren darf also nicht zu lange dauern und zu aufwendig ausgestaltet sein. Siehe zu diesem Erfordernis auch Art. 6 I EMRK. Auch diese Norm verlangt als Ausdruck des fairen Verfahrens ein nicht zu langes Verfahren. Deutschland ist vom EGMR diesbezüglich bereits mehrfach verurteilt worden.

[299] Siehe insgesamt *Krüger/Sachs*, in: Sachs, GG-Kommentar, Art. 19 Rn 143 ff.

[300] Siehe hierzu *Stein/Frank*, Staatsrecht, 18. Auflage, S. 235 ff.; *Badura*, Staatsrecht, 3. Auflage, C Rn 28.

Die Beschränkung muss in Anbetracht des angestrebten Ziels für den Einzelnen zumutbar, eben verhältnismäßig sein. Im Rahmen einer Klausurbearbeitung im Staatsrecht spielt der Grundsatz der Verhältnismäßigkeit ebenfalls eine sehr große Rolle. Es empfiehlt sich daher, sich in diesem Bereich vertiefte Kenntnisse anzueignen. Die Verhältnismäßigkeit einer staatlichen Maßnahme sollte im Rahmen einer Klausur nach folgendem **fünfstufigen**[301] **Schema** vorgenommen werden:

1.	Der Staat muss ein **legitimes Ziel** verfolgen.
2.	Er muss sich hierzu eines **legitimen Mittels** bedienen.
3.	Das Mittel muss zur Erreichung des Ziels **geeignet** sein.
4.	Das Mittel muss zur Erreichung des Ziels **erforderlich** sein.
5.	Das Mittel muss zur Erreichung des Ziels **angemessen** sein.

Der Staat muss zunächst ein legitimes Ziel verfolgen. Legitim ist das Ziel grds. dann, wenn es im Allgemeinwohl liegt. Auch das zur Erreichung des Ziels verwandte Mittel muss grds. zulässig sein. So wäre wegen Art. 5 I 3 GG etwa das Mittel der Zensur unzulässig. Die Prüfung der Verhältnismäßigkeit wäre also in diesem Fall bereits an dieser Stelle beendet. Sind weder Ziel noch Mittel zu beanstanden, sind diese anschließend an der „Gebotstrias" (Geeignetheit, Erforderlichkeit, Angemessenheit) zu überprüfen.[302] **Geeignet** ist das Mittel dann, wenn es den angestrebten Zweck zumindest fördert. Das handelnde Organ ist also nicht gezwungen, das effektivste Mittel zu wählen. Insbesondere bei der Überprüfung von Gesetzen ist an dieser Stelle zudem der Beurteilungsspielraum des Gesetzgebers zu beachten. An einer Eignung mangelt es in diesen Fällen allein dann, wenn sich das Mittel als evident untauglich darstellt, der Gesetzgeber also schlechthin ungeeignete Prognosen über die Geeignetheit aufgestellt hat. **Erforderlich** ist das Mittel dann, wenn zur Erreichung des Ziels nicht ein anderes, gleich wirksames, dabei aber die Rechte des Einzelnen (insbesondere die Grundrechte) nicht oder doch weniger fühlbar einschränkendes, beeinträchtigendes Mittel hätte gewählt werden können.[303] Es soll also stets der geringstmögliche Eingriff gewählt werden, was auch als **Interventionsminimum** bezeichnet wird.

---

[301] Häufig wird die Prüfung der Verhältnismäßigkeit als dreistufige Prüfung dargestellt (geeignet, erforderlich, angemessen). Dies ist jedoch eine verkürzte Darstellung und kann zu Missverständnissen führen. Es ist gerade in einer Klausur zwingend notwendig, zunächst das Ziel und das Mittel der staatlichen Maßnahme zu untersuchen, ansonsten hängt, wie *Maurer* es bezeichnet, die Prüfung „in der Luft" (Staatsrecht I, § 8 Rn 56). Siehe hierzu auch *Michael*, JuS 2001, 654 ff. & 764 ff.

[302] *Katz*, Staatsrecht, 15. Auflage Rn 205.

[303] BVerfGE 30, 292 (316).

160

Auch diese Bewertung hängt oftmals von Wertungen ab, die beim Erlass eines Gesetzes dem Gesetzgeber obliegen. Im Rahmen der Prüfung ist dieser Prognosespielraum zu beachten, so dass die Erforderlichkeit nur dann abzulehnen ist, wenn das gewählte Mittel „eindeutig" nicht erforderlich ist.[304] Zuletzt muss das gewählte Mittel zur Erreichung des Zwecks **angemessen** sein.[305] Zweck und Mittel dürfen also nicht in einer unangemessenen Relation, nicht außer Verhältnis stehen. Dieser Prüfungspunkt bildet insbesondere im Rahmen einer Klausur regelmäßig den Schwerpunkt. Dennoch bereitet er den meisten Klausurbearbeitern erhebliche Probleme. Letztlich geht es um eine **Gesamtabwägung** aller konkret betroffenen Rechtsgüter. Zu beachten ist jedoch, dass im Falle der Überprüfung eines Gesetzes diese Abwägung grds. in die Zuständigkeit des Gesetzgebers fällt und von diesem ja bereits vorgenommen wurde. Der Bearbeiter kann nicht einfach seine Wertungen an die Stelle derjenigen des Gesetzgebers setzen, sondern muss allein überprüfen, ob die Wertungen des Gesetzgebers mit der Verfassung vereinbar sind. Es besteht demnach auch hier ein Beurteilungsspielraum, der jedoch abhängig von der jeweiligen Verfassungsnorm unterschiedliche Ausmaße annehmen kann. **Die Kontrolldichte des BVerfG** bestimmt sich dabei nach dem jeweiligen materiellen Recht, weshalb eine „saubere" VHM-Prüfung detaillierte Kenntnisse des materiellen Gehalts der relevanten Verfassungsnorm voraussetzt.[306] Als Orientierungsmaßstab mag folgende Überlegung dienen: Je mehr der Eingriff elementare Äußerungsformen der menschlichen Handlungsfreiheit berührt, umso sorgfältiger müssen die zu seiner Rechtfertigung vorgebrachten Gründe gegen den grds. Freiheitsanspruch des Bürgers abgewogen werden.[307]

f) Rechtssicherheit

Das Prinzip Rechtsstaat verlangt zudem **Rechtssicherheit** und **Vertrauensschutz**. Zwar ist es notwendig, dass der Gesetzgeber die bestehenden Normen den aktuellen Gegebenheiten anpasst und modernisiert. Er darf dabei jedoch nicht allzu sprunghaft vorgehen, sondern muss stets ein gewisses Maß an Rechtskontinuität gewähren, so dass der Bürger sich auf bestehende Normen einstellen und sein Handeln danach ausrichten kann. Die Normen müssen also in einem öffentlichen Verfahren erlassen werden, die es dem Einzelnen ermöglichen, sich über mögliche Veränderungen rechtzeitig Klarheit verschaffen zu können. Zudem müssen die Normen dem **Bestimmtheitsgebot** genügen.

---

[304] *Schwerdtfeger*, Öffentliches Recht in der Fallbearbeitung, 12. Auflage Rn 463.

[305] Die Bezeichnung dieses letzten Prüfungspunktes ist nicht einheitlich. Teilweise wird auch von Verhältnismäßigkeit im engeren Sinne gesprochen.

[306] *Schlaich/Korioth*, Das Bundesverfassungsgericht Rn 530 ff. (538). Siehe auch *Heun*, Funktionell-rechtliche Schranken der Verfassungsgerichtsbarkeit, S. 35 ff. (37).

[307] Siehe hierzu auch *Bleckmann*, JuS 1994, 177 ff.; *Ossenbühl*, Jura 1997, 617 ff.; *Michael*, JuS 2001, 654 ff. & 764 ff.

Sie müssen ausreichend präzise formuliert werden, so dass das staatliche Handeln für den Bürger *kalkulierbar* wird und staatliche Willkür weitestgehend ausgeschlossen werden kann.[308] Aus diesen Überlegungen folgt zugleich, dass Veränderungen der Rechtsordnung grds. nur für die Zukunft möglich sind. Der Einzelne soll auf die bestehende Rechtsordnung vertrauen dürfen. Eine Rückwirkung von Gesetzen ist aber nicht ausgeschlossen.[309] Bei der Frage ob eine solche Rückwirkung zulässig ist, sind die Gründe, die für eine solche sprechen mit dem Vertrauensschutz des Bürgers abzuwägen.[310] Das BVerfG hat im Laufe der Zeit eine eigene **Rückwirkungsdogmatik** entwickelt, die zwischen *echter* und *unechter* Rückwirkung unterscheidet.[311] Echte Rückwirkung ist dann gegeben, wenn ein Gesetz nachträglich ändernd in abgeschlossene, der Vergangenheit angehörende Tatbestände eingreift.

Echte Rückwirkung ist gegeben, wenn ein Gesetz nachträglich ändernd in abgeschlossene, der Vergangenheit angehörende Tatbestände eingreift.

Die **echte Rückwirkung** (Zweiter Senat: Rückbewirkung von Rechtsfolgen) ist dabei grds. aus den genannten Gründen **unzulässig**. Nur dann, wenn zwingende Gründe des Allgemeinwohls eine solche Rückwirkung erfordern oder ein schutzwürdiges Vertrauen des Einzelnen nicht vorhanden ist, kann der Gesetzgeber diese Form der Rückwirkung wählen. Im Laufe der Zeit haben sich hierzu bestimmte Fallgruppen entwickelt. Danach ist eine echte Rückwirkung ausnahmsweise zulässig, wenn

- für den Rückwirkungszeitraum mit einer Regelung zu rechnen war;
- die bisherige Rechtslage unklar und verworren war;
- die bisherige Regelung verfassungswidrig und nichtig war und durch eine neue ersetzt werden soll;
- der entstehende Schaden unerheblich ist (Bagatellvorbehalt) oder
- sonstige überwiegende Gründe des Allgemeinwohls dies erfordern.

---

[308] Der Grad der erforderlichen Bestimmtheit variiert abhängig vom betroffenen Rechtsgebiet. Besondere Bedeutung hat dieser Grundsatz im Strafrecht, vgl. Art 103 II GG.

[309] Im Strafrecht ist eine Rückwirkung jedoch nicht möglich.

[310] Aus diesen Gründen besteht ein Rückwirkungsverbot grds. nur bei belastenden Eingriffen.

[311] Allerdings herrscht zwischen dem Ersten und Zweiten Senat des BVerfG keine Einigkeit bzgl. der Bezeichnung. Der Zweite Senat spricht von tatbestandlicher Rückanknüpfung und der Rückbewirkung von Rechtsfolgen. Siehe etwa BVerfGE 72, 200; 95, 64.

162

Demgegenüber ist die sogenannte **unechte Rückwirkung** (Zweiter Senat: tatbestandliche Rückanknüpfung) grds. **zulässig**. Sie ist gegeben, wenn der Gesetzgeber in Tatbestände eingreift, die in der Vergangenheit begonnen, jedoch noch nicht abgeschlossen wurden.

> **Unechte Rückwirkung** ist gegeben, wenn der Gesetzgeber in Tatbestände eingreift, die in der Vergangenheit begonnen, jedoch noch nicht abgeschlossen wurden.

Ein Beispiel wäre etwa die Neuregelung der Steuergesetze im laufenden Steuerjahr. Da das Steuerjahr noch nicht abgeschlossen ist, handelt sich in diesem Fall um eine unechte Rückwirkung. Im Einzelnen kann die Einordnung als echte oder unechte Rückwirkung jedoch erhebliche Probleme aufwerfen. Sie hängt jeweils davon ab, worin man den relevanten Tatbestand sieht.

g) Staatshaftung

Auch die Möglichkeit des Einzelnen für schädigende Handlungen des Staates Ersatz verlangen zu können (Staatshaftung) ist Ausprägung des Rechtsstaatsprinzips. Teilweise finden sich hierzu ausdrückliche Regelungen (siehe etwa Art. 34 GG iVm § 839 BGB; Art. 14 III GG), der Großteil indes beruht auf richterlicher Rechtsfortbildung (etwa enteignender Eingriff; Aufopferungsanspruch etc.). An dieser Stelle soll auf die Staatshaftung nicht weiter eingegangen werden, da diese regelmäßig erst im Bereich des Verwaltungsrechts ausführlich behandelt wird. [312]

---

[312] Siehe hierzu *Maurer*, Allgemeines Verwaltungsrecht, 7. Teil und ausführlich *Thiele*, Staatshaftungsrecht, 2. Auflage 2013.

FALL 10: DER UNTERSUCHUNGSAUSSCHUSS

Auf dem internationalen Flughafen der Stadt F ist es durch eine Terrorgruppe zu einem Bombenanschlag mit zahlreichen Verletzten und Toten gekommen. Im Zuge der Berichterstattung über den Anschlag wird von einem Journalisten behauptet, der Bundesinnenminister I, hätte schon einige Tage vor dem Attentat konkrete Hinweise auf den bevorstehenden Anschlag gehabt. Er hätte es jedoch unterlassen, die Sicherheitsmaßnahmen auf dem Flughafen zu intensivieren, etwa durch die Verstärkung der dort eingesetzten Beamten der Bundespolizei (BPOL)[313].

Der Bundesinnenminister bestreitet hingegen, über konkrete Hinweise hinsichtlich des Anschlags verfügt zu haben. Deshalb habe er auch nicht die Notwendigkeit gesehen, die BPOL auf dem Flughafen zu verstärken. Die oppositionelle O-Partei, die im Deutschen Bundestag über 150 der 600 Sitze verfügt, mag dieser Aussage jedoch keinen Glauben schenken. Zudem ist sie der Ansicht, dass der Innenminister eine völlig verfehlte Politik im Bereich der inneren Sicherheit betreibe und auch durch den Anschlag „nichts dazu gelernt habe". Deshalb müsse man dem Innenminister bei der gegenwärtig anstehenden Überarbeitung der Dienstvorschriften für die BPOL „stärker auf die Finger schauen".

Die Fraktion der O-Partei beantragt daher geschlossen die Einsetzung eines Untersuchungsausschusses (UA), der sich mit dieser Angelegenheit befassen soll. Der Antrag lautet: „Der Untersuchungsausschuss soll klären, ob dem Bundesinnenminister bereits vor dem Anschlag konkrete Hinweise für ein solches Attentat vorgelegen haben.

---

[313] Mit der Verkündung des Gesetzes zur Umbenennung des Bundesgrenzschutzes in Bundespolizei am 30. Juni 2005 wurde der frühere Bundesgrenzschutz mit Wirkung vom 01. Juli 2005 an in Bundespolizei umbenannt. Aufgabenerweiterungen oder Befugnisänderungen sind mit dieser Umbenennung jedoch nicht verbunden gewesen.

Ferner soll der Untersuchungsausschuss klären, ob bei der derzeitigen – noch nicht abgeschlossenen – Überarbeitung der Dienstvorschriften für die BPOL durch den Innenminister der veränderten Sicherheitslage hinreichend Rechnung getragen wird."

Als es im Plenum des Deutschen Bundestages zur Abstimmung über diesen Antrag kommt, wird er mit den 302 Stimmen der regierenden R-Partei abgelehnt, so dass der Untersuchungsausschuss nicht eingesetzt wird.

Dem Protest der O-Fraktion hält die Mehrheit entgegen, dass die gegenwärtige Überarbeitung der Dienstvorschriften für die BPOL allein Sache des Innenministers sei. Der Bundestag dürfe sich hier nicht einmischen. Im Übrigen sei die Verhinderung terroristischer Anschläge im Inland durch die BPOL Teil des Kampfes gegen den internationalen Terrorismus und somit eine Verteidigungsangelegenheit, für die speziell der Verteidigungsausschuss zuständig sei. Die Mitglieder der O-Fraktion sind hingegen der Auffassung, dass der Bundestag dem Antrag hätte entsprechen und den UA hätte einsetzen müssen. Sie erwägen daher, das Bundesverfassungsgericht einzuschalten.

Können sich die Mitglieder der O-Fraktion mit Aussicht auf Erfolg an das Bundesverfassungsgericht wenden?

Bearbeiterhinweis: Gehen Sie davon aus, dass für die Sicherheit auf dem Flughafen der Stadt F die BPOL zuständig ist.

Lösung Fall 10: Der Untersuchungsausschuss

In Betracht kommt ein **Organstreitverfahren** vor dem Bundesverfassungsgericht gemäß Art. 93 I Nr. 1 GG, §§ 13 Nr. 5, 63 ff. BVerfGG. Dieses hat Aussicht auf Erfolg, soweit es zulässig (A) und begründet (B) ist.

A. Zulässigkeit

Das Organstreitverfahren müsste zulässig sein.

I. Parteifähigkeit

1. Antragsteller

Die 150 Mitglieder der O-Fraktion müssten als Antragsteller im Organstreitverfahren parteifähig sein. Parteifähig im Organstreitverfahren sind nach Art. 93 I Nr. 1 GG neben den obersten Bundesorganen auch „andere Beteiligte", die durch das GG oder in der Geschäftsordnung eines obersten Bundesorgans mit eigenen Rechten ausgestattet sind. Die 150 Abgeordneten der O-Fraktion bilden eine **konkrete Antragsminderheit**, die vom GG in Art. 44 I GG anerkannt und mit dem Antragsrecht auf Einsetzung eines Untersuchungsausschusses ausgestattet ist („auf Antrag eines Viertels seiner Mitglieder"). Die 150 Mitglieder der O-Fraktion sind somit parteifähig.

2. Antragsgegner

Antragsgegner ist der Bundestag, dem der Beschluss der Bundestagsmehrheit zuzurechnen ist. Die Parteifähigkeit des Bundestages ergibt sich aus Art. 93 I Nr. 1 GG, § 63 BVerfGG.

II. Antragsgegenstand

Antragsgegenstand kann jede **rechtserhebliche Maßnahme** oder Unterlassung des Antragsgegners sein, § 64 I BVerfGG.

Gegenstand des Organstreitverfahrens ist hier die Ablehnung des Antrags auf Einsetzung eines Untersuchungsausschusses. Diese ist auch rechtserheblich, da für die Einsetzung eines Untersuchungsausschusses ein Bundestagsbeschluss erforderlich ist, vgl. § 1 II PUAG[314].

III. Antragsbefugnis

Der Antragsteller muss gem. **§ 64 I BVerfGG** ferner geltend machen, durch die Maßnahme oder Unterlassung des Antragsgegners in seinen ihm durch das GG übertragenen Rechten oder Pflichten verletzt zu sein. Nach **Art. 44 I 1 GG** ist der Bundestag verpflichtet, auf Antrag eines Viertels seiner Mitglieder einen Untersuchungsausschuss einzusetzen. Dieser Pflicht des Bundestages korrespondiert ein entsprechendes Recht der antragstellenden qualifizierten Minderheit. Dieses Recht der 150 Abgeordneten der O-Fraktion könnte durch den ablehnenden Beschluss der Bundestagsmehrheit verletzt worden sein.

IV. Form und Frist

Von einer form- und fristgerechten Antragstellung (§§ 23 I, 64 II, 64 III BVerfGG) ist mangels anderslautender Angaben im Sachverhalt auszugehen.

V. Ergebnis: Zulässigkeit

Ein **Organstreitverfahren ist** somit **zulässig**

---

[314] Im PUAG (Untersuchungsausschussgesetz vom 19.06.2001) finden sich Vorschriften, die das Verfahren eines Untersuchungsausschusses betreffen, insbesondere werden dort die Einsetzung des UA, der Zugang der Öffentlichkeit, die Einzelheiten der Beweiserhebung und die gerichtlichen Zuständigkeiten geregelt. Der Erlass eines solchen Gesetzes war erforderlich geworden, weil Art. 44 GG mit Ausnahme des Verweises in die StPO (Art. 4 II 1 GG) keine näheren Regelungen zum Untersuchungsausschussverfahren enthält und es daher in der Vergangenheit häufig zu Streitigkeiten kam.

B. Begründetheit

Der Antrag der Minderheit im Organstreitverfahren ist begründet, soweit der **Bundestag** nach dem GG **verpflichtet war**, dem Antrag der Minderheit zu folgen und **den Untersuchungsausschuss einzusetzen.**

> **Hinweis**: Die Pflicht des Bundestages einen Untersuchungsausschuss einzusetzen, könnte sich hier auch aus § 1 I PUAG ergeben. Prüfungsmaßstabes im Rahmen eines Organstreitverfahrens ist aber ausschließlich das Grundgesetz, vgl. 64 I BVerfGG („in seinem ihm durch das Grundgesetz übertragenen Rechten und Pflichten"). Das PUAG muss daher in diesem Fall als Prüfungsmaßstab ausscheiden!

I. Pflicht des Bundestages zur Einsetzung eines UA nach Art. 44 I 1 GG

Eine entsprechende Pflicht könnte sich aus **Art. 44 I 1 GG** ergeben, der im Kontext der übrigen Normen des GG auszulegen ist. Demnach ist der Bundestag verpflichtet, per Beschluss einen Untersuchungsausschuss einzusetzen, wenn ordnungsgemäß ein Einsetzungsantrag gestellt worden ist, dieser hinreichend bestimmt ist und einen zulässigen Untersuchungsgegenstand zum Inhalt hat.

1. Ordnungsgemäßer Einsetzungsantrag Art. 44 I 1 GG

Art. 44 I 1 GG verlangt, dass der Antrag auf Einsetzung eines Untersuchungsausschusses von mindestens **einem Viertel der Mitglieder des Bundestages** gestellt wird. Der Einsetzungsantrag wurde von den 150 Mitgliedern der O-Fraktion gestellte. Da der Bundestag laut Sachverhalt aus 600 Abgeordneten besteht, hat somit – wie gefordert – ein Viertel der Mitglieder des Bundestages den Einsetzungsantrag gestellt.

> **Hinweis:** In diesem Zusammenhang sollten Ihnen die Begriffe **Mehrheitsenquete** und **Minderheitsenquete** bekannt sein. Im Fall der Mehrheitsenquete wird der Antrag auf Einsetzung eines Untersuchungsausschusses von der Mehrheit der Mitglieder des Bundestages gestellt. Im Falle der Minderheitenenquete wird der Antrag von weniger als der Mehrheit, mindestens jedoch von einem Viertel der Bundestagsmitglieder gestellt. Da die Minderheit nicht nur verlangen kann, dass ein UA eingesetzt wird, sondern auch den Untersuchungsgegenstand festlegen darf, ist ein UA ein wichtiges Kontrollinstrument der Opposition.

2. Hinreichende Bestimmtheit des Untersuchungsgegenstandes

Der **Untersuchungsgegenstand** muss ferner **klar und eindeutig** im Antrag **umschrieben** sein, also hinreichend bestimmt sein. Ein andernfalls dem Ausschuss überlassenes Selbstbefassungsrecht wäre nämlich eine verfassungswidrige Delegation von Kompetenzen des Plenums.[315] Bedenken hinsichtlich der Bestimmtheit des Antrags bestehen vorliegend jedoch nicht.

3. Zulässiger Untersuchungsgegenstand

Die Pflicht des Bundestages, nach Art. 44 I 1 GG einen Untersuchungsausschuss einzusetzen, besteht nur dann, wenn der im Einsetzungsantrag umschriebene Untersuchungsgegenstand verfassungsrechtlich zulässig ist. Der Einsetzungsantrag betrifft in diesem Fall **zwei Untersuchungsgegenstände**, die beide getrennt auf ihre verfassungsrechtliche Zulässigkeit zu untersuchen sind.

a) Erster Untersuchungsgegenstand: Kenntnisstand des Bundesinnenministers vor dem Anschlag

Zum einen soll der Untersuchungsausschuss die Frage klären, ob dem Bundesinnenminister bereits vor dem Anschlag auf den Flughafen der Stadt F konkrete Hinweise auf ein

---

[315] *Morlok*, in: Dreier, GG-Kommentar, Art. 44 Rn 31.

Attentat vorgelegen haben. Hierbei müsste es sich auch um einen verfassungsrechtlich zulässigen Untersuchungsgegenstand handeln.

aa) Gerichtet auf Tatsachenfeststellung durch Beweiserhebung

Aus Art. 44 I GG folgt zunächst, dass der Untersuchungsgegenstand auf die **Feststellung von Tatsachen** durch Beweiserhebung und deren politische Bewertung gerichtet sein muss.[316] Bei der Frage, ob dem Bundesinnenminister schon frühzeitig konkrete Hinweise hinsichtlich eines bevorstehenden Attentats vorgelegen haben, handelt es sich um eine Tatsachenfrage, die durch Beweiserhebung zu klären ist. Diese Zulässigkeitsvoraussetzung ist somit erfüllt.

bb) Öffentliches Interesse

Umstritten ist, ob hinsichtlich des Untersuchungsgegenstandes ein **öffentliches Interesse** bestehen muss.[317] Diese Frage ist insbesondere dann von Relevanz, wenn gesellschaftliche, wirtschaftliche oder private Angelegenheiten zum Gegenstand eines UA gemacht werden, da in diesen Fällen ein öffentliches Interesse für die Untersuchung fehlen könnte. In diesem Fall betrifft der Untersuchungsgegenstand allerdings keine rein private Angelegenheit, sondern die **Amtsausübung des Bundesinnenministers**. An der Kontrolle der Amtsausübung der Exekutive besteht jedoch immer ein öffentliches Interesse. Somit kann an dieser Stelle die Frage, ob das „öffentliche Interesse" zwingende Voraussetzung für die Einsetzung eines UA ist, unbeantwortet bleiben.

---

[316] Vgl. *Degenhart*, Staatsrecht I Rn.

[317] *H.-P. Schneider*, NJW 2001, 2604, 2605 ist der Ansicht, dass ein öffentliches Interesse jedenfalls durch den Antrag von einem Viertel der Mitglieder des BT unwiderlegbar vermutet wird. A.A. *Wiefelspütz*, NVwZ 2002, 10 ff.; *Maurer*, Staatsrecht I, § 13 Rn 139.

cc) Zuständigkeit des Bundestages

Gegenstand eines Untersuchungsverfahrens können nur solche Gegenstände sein, die in den verfassungsmäßigen Kompetenzbereich des Bundestages fallen; denn als bloßes Unterorgan des Bundestages kann der Zuständigkeitsrahmen eines Untersuchungsausschusses nicht über den des Bundestages hinausgehen (sog. **Korollartheorie**).[318]

aaa) Verbandskompetenz

Ein Bundestagsuntersuchungsausschuss muss sich daher zunächst im Rahmen der **Verbandskompetenz** des Bundes bewegen. Insbesondere dürfen keine Angelegenheiten untersucht werden, die ausschließlich die Länder, nicht jedoch den Bund betreffen. Kenntnisse oder Verhaltensweisen eines Landesministers können somit grundsätzlich nicht von einem Bundestagsuntersuchungsausschuss untersucht werden. In diesem Fall soll jedoch der Kenntnisstand eines Bundesministers und damit eine Bundesangelegenheit untersucht werden. Eine Bundeskompetenz ist somit zu bejahen.

bbb) Organkompetenz

Ferner müsste auch die **Organkompetenz** des Bundestages gegeben sein. Die Organkompetenz des Bundestages wird durch das Gewaltenteilungsprinzip begrenzt. Die hieraus folgende Funktionentrennung begründet einen grds. parlamentarisch nicht ausforschbaren Initiativ-, Beratungs- und Handlungsbereich der Regierung als **Kernbereich exekutiver Eigenverantwortung**.[319] Die Kontrollkompetenz des Bundestages erstreckt sich daher nur auf bereits abgeschlossene Vorgänge der Exekutive. Die aktuelle interne Willensbildung der Exekutive darf hingegen von einem parlamentarischen Untersuchungsausschuss nicht untersucht

---

[318] Vgl. *Morlok*, in: Dreier, GG Kommentar, Art. 44 Rn. 18.
[319] BVerfGE 67, 100, 139.

werden, weil diese vom Kernbereich exekutiver Eigenverantwortung umfasst wird.[320]

In diesem Fall betrifft der Untersuchungsgegenstand die Frage, ob dem Bundesinnenminister schon frühzeitig konkrete Hinweise hinsichtlich des später erfolgten Anschlags vorlagen. Es handelt sich hierbei um einen bereits abgeschlossenen Vorgang. Da somit kein aktueller regierungsinterner Willensbildungsprozess im Rahmen des UA untersucht werden soll, **ist** hinsichtlich dieses Untersuchungsgegenstandes auch **die Organkompetenz des Bundestages gegeben**.

dd) Zwischenergebnis

Die Klärung der Frage, über welche Kenntnisse der Bundesinnenminister vor dem Attentat verfügt hat, stellt einen tauglichen Untersuchungsgegenstand dar.

b) Zweiter Untersuchungsgegenstand: Überarbeitung der Dienstvorschriften

Der einzusetzende Untersuchungsausschuss soll ferner die Frage klären, ob bei der derzeitigen Überarbeitung der Dienstvorschriften durch den Bundesinnenminister der veränderten Sicherheitslage hinreichen Rechnung getragen wird.

Dieser Untersuchungsgegenstand ist ebenfalls – wie verfassungsrechtlich gefordert – auf die Feststellung von Tatsachen durch Beweiserhebung und deren mögliche politische Bewertung gerichtet. Zweifel, dass hieran kein öffentliches Interesse existieren könnte, bestehen nicht.

Der Bund besitzt ferner für die inneren Angelegenheiten der Bundespolizei – einschließlich des Inhalts ihrer Dienstvorschriften – auch die Verbandskompetenz.

---

[320] BVerfGE 67, 100, 139.

Fraglich ist hingegen, ob der zweite Untersuchungsgegenstand noch von der **Organkompetenz des Bundestages** gedeckt ist. Wie bereits gesagt, besteht ein grundsätzlich parlamentarisch nicht ausforschbarer Initiativ-, Beratungs- und Handlungsbereich der Regierung als Kernbereich exekutiver Eigenverantwortung. Die Kontrollkompetenz des Bundestages erstreckt sich daher nicht auf die noch nicht abgeschlossenen Vorgänge der Exekutive, insbesondere nicht auf die interne Willensbildung der Exekutive. Laut Sachverhalt ist die Überarbeitung der Dienstvorschriften für die BPOL jedoch noch nicht abgeschlossen, sondern dauert „derzeit" noch an. Der zweite Untersuchungsgegenstand greift daher in einen **noch laufenden exekutiven Vorgang** und damit in den Kernbereich exekutiver Eigenverantwortung ein. Er erweist sich somit als verfassungsrechtlich unzulässig.

c) Zwischenergebnis

Einen verfassungsrechtlich zulässigen Untersuchungsgegenstand stellt somit nur die Klärung der Frage dar, ob der Bundesinnenminister bereits vor dem Anschlag konkrete Hinweise auf diesen gehabt hat.

4. Keine Sperre durch das Untersuchungsmonopol des Verteidigungsausschusses

Allerdings könnte der Deutsche Bundestag aufgrund des **Art. 45a III GG** auch hinsichtlich des ersten Untersuchungsgegenstandes daran gehindert sein, einen Untersuchungsausschuss einzurichten. Art. 45a III GG versperrt nämlich in Verteidigungsfragen dem Plenum eine eigenständige Untersuchungsinitiative, indem er den Art. 44 I GG für diese Angelegenheiten ausschließt. Für Angelegenheiten, die im Zusammenhang mit der militärischen Verteidigung stehen, existiert somit ein **Untersuchungsmonopol des Verteidigungsausschusses**.[321]

---

[321] Vgl. *Heun*, in: Dreier, GG-Kommentar, Art. 45a Rn 9.

Art. 44 I GG wäre in diesem Fall jedoch nur dann ausgeschlossen, wenn es sich bei der Abwehr terroristischer
Anschläge im Inland durch die Bundespolizei und den
Bundesinnenminister auch tatsächlich **um eine Verteidigungsangelegenheit handelt**. Verteidigungsangelegenhei-
ten sind jedoch nur solche Maßnahmen, die im Zusammenhang mit der Abwehr bewaffneter Angriffe durch den Einsatz
von Streitkräften stehen. Zu den Streitkräften des Bundes
zählt jedoch nur die in den Zuständigkeitsbereich des Ver-
teidigungsministers fallende Bundeswehr, nicht hingegen die
in den Zuständigkeitsbereich des Innenministers fallende
Bundespolizei. Art. 45a III GG ist somit nicht einschlägig und
steht der Einsetzung eines Untersuchungsausschusses
nicht entgegen.

5. Zwischenergebnis

Der Bundestag war somit zwar nicht verpflichtet (und auch
nicht berechtigt), einen Untersuchungsausschuss mit dem
Auftrag einzurichten, die laufende Überarbeitung der Dienstvorschriften der BOPL zu kontrollieren. Der Bundestag war
jedoch verpflichtet, einen Untersuchungsausschuss mit dem
Auftrag einzusetzen, den Kenntnisstand des Innenministers
vor dem Anschlag zu klären. Soweit der Bundestag diesem
Begehren der antragstellenden Minderheit nicht nachge-
kommen ist, hat er deren verfassungsrechtliche Rechte verletzt.

II. Ergebnis: Begründetheit

Das Organstreitverfahren ist somit zumindest **zum Teil begründet**.

C. Gesamtergebnis

Das Organstreitverfahren ist zulässig und zum Teil auch begründet. Die Mitglieder der O-Fraktion können sich daher mit
Aussicht auf einen Teilerfolg an das Bundesverfassungsgericht wenden.

3. TEIL: EMPFEHLENSWERTE LITERATUR

Im folgenden Teil soll Literatur empfohlen werden, die sich gut dazu eignet, die bearbeiteten Fälle zu vertiefen. Es handelt sich dabei allein um eine Auswahl, ohne den Anspruch auf Vollständigkeit zu erheben. Bei den Lehrbüchern werden auch solche genannt, die zusätzlich die Grundrechte behandeln. Vor allem aus Kostengründen kann sich die Anschaffung eines solchen Werkes lohnen. Die Aufsätze wurden jeweils den bekannten Ausbildungszeitschriften entnommen. Generell zur Fallbearbeitung im öffentlichen Recht empfiehlt sich *Mann,* Einführung in die juristische Arbeitstechnik, 5. Auflage 2015. Eine Studienauswahl wichtiger Leitentscheidungen zum Staatsrecht findet sich bei *Schwabe*, Entscheidungen des BVerfG, 8. Auflage 2004.

I. Lehrbücher

1. Allgemein

- *Ipsen*, Staatsrecht I, 27. Auflage 2015 (Grundlagen)
- *Degenhart*, Staatsrecht I, 31. Auflage 2015 (Grundlagen)
- *Maurer*, Staatsrecht, 7. Auflage 2015 (Vertiefung)
- *Katz*, Staatsrecht, 18. Auflage 2010 (enthält auch Grundrechte)
- *Stein/Frank*, Staatsrecht, 21. Auflage 2010 (enthält auch Grundrechte)

2. Prozessrecht

- *Sachs*, Verfassungsprozessrecht 3. Auflage 2010 (Grundlagen)
- *Gersdorf*, Verfassungsprozessrecht, 3. Auflage 2010 (Grundlagen)
- *Schlaich/Korioth*, Das Bundesverfassungsgericht, 10. Auflage 2014 (Vertiefung)
- *Hillgruber/Goos,* Verfassungsprozessrecht, 4. Auflage 2015

3. Fallsammlungen/Fragenkataloge

- *Thiele*, Basiswissen Staatsrecht I, 10. Auflage 2016 (Grundlagen)
- *Thiele*, Standardfälle Europarecht, 7. Auflage 2016
- *Schmidt*, Prüfe dein Wissen Staatsrecht, 3. Auflage 2013
- *Schmidt*, Prüfe dein Wissen Verfassungsprozessrecht, 2010
- *Kilian/Eiselstein*, Grundfälle im Staatsrecht, 5. Auflage 2011
- *Höfling*, Fälle zum Staatsorganisationsrecht, 5. Auflage 2014
- *Brinktrine/Sarcevic*, Fallsammlung zum Staatsrecht, 2003 (Vertiefung)

II. Aufsätze/Übungsfälle

- *Kloepfer/Thull*, JuS 1986, 394 (Bundesregierung)
- *Hobe*, JA 1994, 394 (Rechtsstaatsprinzip)
- *Hobe*, JA 1995, 43 (Demokratieprinzip)
- *Hobe*, JA 1995, 301 (Bundesstaatsprinzip)
- *Erichsen*, Jura 1983, 635 (Wahlgrundsätze)

- *Hobe*, JA 1998, 50 (Überhangmandate/Sperrklausel)
- *Hobe*, JA 1995, 406 (Bundestag und Bundesrat)
- *Heselhaus*, JA 1995, 454 (Kampfeinsätze der BW)
- *Erdemir*, JA 1996, 52 (Materielles Prüfungsrecht)
- *Silberhorn*, JA 2000, 858 (Wahlpflicht)
- *Fischer*, JuS 2003, 137 (Bund-Länder-Streit)
- *Oberrath*, JA 2003, 484 (Anfängerfragen)
- *Schulte*, Jura 2003, 505 (Untersuchungsausschuss)
- *Tappe*, JuS 2003, 887 (Auftragsverwaltung)
- *Groh/Baufeld*, JuS 2003, 782
- *Kramer*, JuS 2003, 966 (Wahlrecht)
- *Sauer*, JA 2004, 19 (Bundeswehreinsätze)
- *Römer*, JuS 2004, 44 (abstrakte Normenkontrolle)
- *Nettesheim/Vetter*, JuS 2004, 219 (Organstreit)
- *Burkiczak*, JuS 2004, 278 (Bundespräsidentenwahl)
- *Maierhöfer*, JuS 2004, 598 (abstrakte Normenkontrolle)
- Mückl, Jura 2005, 463 (abstrakte Normenkontrolle)
- *Thiele*, JA 2005, 871 (Gegenzeichnung)
- *Kielmansegg*, JuS 2006, 323 (Volksbefragung)
- *Thiele*, JA 2006, 714 (Gesetzgebungskompetenzen)
- *Lange/Thiele*, JuS 2008, 518 (Übungsfall Abgeordnetenstellung)
- *Seifarth*, JuS 2010, 790 (Übungsfall Gesetzgebung)
- *Möllers*, Jura 2010, 401 (Vermittlungsausschuss)
- *Engels*, Jura 2010, 421 (Organstreitverfahren)
- *Voßkuhle/Kaufhold*, JuS 2010, 873 (Bundesstaatsprinzip)
- *Voßkuhle/Kaufhold*, JuS 2010, 116 (Rechtsstaatsprinzip)
- *Pieroth*, JuS 2010, 473 (Demokratieprinzip)
- *Frenzel*, JuS 2010, 119 (Gesetzgebungsverfahren)
- *Meiertöns/Ehrhardt*, Jura 2011, 166 (Bundespräsident)
- *Wernsmann/Bruns*, Jura 2011, 384 (Normenkontrolle/Wahlrecht)
- *Herterich*, Jura 2011, 628 (Organstreit/Abstrakte Normenkontrolle)
- *Otto/Saurer*, JuS 2011, 235 (Gesetzgebungsoutsourcing)
- *Geis/Meier*, JuS 2011, 699 (Grundfälle Organstreit)
- *Voßkuhle/Kaufhold*, JuS 2011, 794 (Vertrauensschutz)
- *Voßkuhle/Kaiser*, JuS 2014, 312 (Justizgewährleistungsanspruch)
- *Greinert*, JuS 2014, 132 (Übungsfall abstrakte Normenkontrolle)
- *Holterhus*, JuS 2014, 233 (Übungsfall Abgeordnetenstellung)
- *Hindelang/Berner*, JuS 2014, 812 (Übungsfall Europarecht/Maut)
- *Hofmann*, JuS 2014, 617 (Übungsfall Gesetzgebung/Normenkontrolle)
- *Herzmann/Eßlinger*, Jura 2014, 842 (Landeskinder)
- *Hopf/Hyckel*, Jura 2014, 632 (Übungsfall Luftsicherheitsgesetz)
- *Hartmann/Kamm*, Jura 2014, 283 (Gesetzgebungsverfahren)

III. Kommentare

- *Jarass/Pieroth*, 12. Auflage 2014
- *Hömig*, 10. Auflage 2013
- *Sachs*, 7. Auflage 2014
- *Dreier*, Bd. 1 2013, Bd. 2 2016, Bd. 3 2008
- *von Mangoldt/Klein/Starck*, Bd. 1 2016, Bd. 2 2016, Bd. 3 2016

▶ Unsere ▦ Skripten ▦ Karteikarten ♪ Hörbücher (CD & MP3)

Zivilrecht

- ▦ Standardfälle für Anfänger (7,90 €)
- ▦ ♪ Standardfälle BGB AT (7,90 €)
- ▦ ♪ Standardfälle Schuldrecht (7,90 €)
- ▦ ♪ Standardfälle Ges. Schuldverh., §§ 677, 812,823
- ▦ ♪ Standardfälle Sachenrecht (9,90 €)
- ▦ ♪ Standardfälle Familien- und Erbrecht (9,90 €)
- ▦ Klausuren Übung für Fortgeschrittene (7,90 €)
- ▦ ♪ Basiswissen BGB (AT) (Frage-Antwort)
- ▦ ♪ Basiswissen SchuldR (AT) ▦ ♪ SchuldR (BT) (7 €)
- ▦ ♪ Basiswissen Sachenrecht, ▦ ♪ FamR, ▦ ♪ ErbR
- ▦ Einführung in das Bürgerliche Recht (7,90 €)
- ▦ Studienbuch BGB (AT) (12 €)
- ▦ Studienbuch Schuldrecht (AT) (12 €)
- ▦ Schuldrecht (BT) 1 - §§ 437, 536, 634, 670 ff. (9,90 €)
- ▦ Schuldrecht (BT) 2 - §§ 812, 823, 765 ff. (9,90 €)
- ▦ SachenR 1 – Bewegl. S., ▦ SachenR 2 – Unb. S. (9,9 €)
- ▦ Familienrecht und ▦ Erbrecht (Einführungen) (9,90 €)
- ▦ Streitfragen Schuldrecht (7,90 €)
- ▦ ♪ Definitionen für die Zivilrechtsklausur (9,90 €)

Strafrecht

- ▦ ♪ Standardfälle für Anfänger Band 1 (9,90 €)
- ▦ Standardfälle für Anfänger Band 2 (7,90 €)
- ▦ Standardfälle für Fortgeschrittene (12 €)
- ▦ ♪ Basiswissen Strafrecht (AT) (Frage-Antwort)
- ▦ ♪ Basiswissen Strafrecht BT 1 und ▦ ♪ BT 2 (7 €)
- ▦ Strafrecht (AT) (7,90 €)
- ▦ Strafrecht (BT) 1 – Vermögensdelikte (9,90 €)
- ▦ Strafrecht (BT) 2 – Nichtvermögensdelikte (9,90 €)
- ▦ ♪ Definitionen für die Strafrechtsklausur (7,90 €)

Irrtümer und Änderungen vorbehalten!

Öffentliches Recht

- ▦ Standardfälle Staatsrecht I – StaatsorgaR (9,90 €)
- ▦ Standardfälle Staatsrecht II – Grundrechte (9,90 €)
- ▦ ♪ Standardfälle f. Anfänger (StaatsorgaR u. GRe) (7,9 €)
- ▦ Standardfälle Verwaltungsrecht (AT) (9,90 €)
- ▦ Standardfälle Polizei- und Ordnungsrecht (9,90 €)
- ▦ Standardfälle Baurecht (9,90 €)
- ▦ Standardfälle Europarecht (9,90 €)
- ▦ Standardfälle Kommunalrecht (9,90 €)
- ▦ ♪ Basiswissen StaatsR I –StaatsorgaR (Fr-Antw.) (7 €)
- ▦ ♪ Basiswissen StaatsR II –GrundR (Frage-Antw.) (7 €)
- ▦ Basiswissen VerwaltungsR AT– (Frage-Antwort) (7 €)
- ▦ Studienbuch Staatsorganisationsrecht (9,90 €)
- ▦ Studienbuch Grundrechte (9,90 €)
- ▦ Studienbuch Verwaltungsrecht AT (12 €)
- ▦ Studienbuch Europarecht (12,90 €)
- ♪ Basiswissen Europarecht
- ▦ Staatshaftungsrecht (9,90 €)
- ▦ VerwaltungsR AT 1 – VwVfG u. ▦ AT 2–VwGO (7,90 €)
- ▦ VerwaltungsR BT 1 – POR (9,90 €)
- ▦ VerwaltungsR BT 2 – BauR ▦ BT 3 – UmweltR (9,90 €)
- ▦ ♪ Definitionen Öffentliches Recht (9,90 €)

Steuerrecht

- ▦ Abgabenordnung (AO) (9,90 €)
- ▦ Erbschaftsteuerrecht (9,90 €)
- ▦ Steuerstrafrecht/Verfahren/Steuerhaftung (7,90 €)

Sozialrecht

- ▦ Kinder- und Jugendhilferecht (7,90 €)
- ▦ Sozialrecht (9,90 €)

Nebengebiete

- ▦ ♪ Standardfälle Handels- & GesR (9,90 €)
- ▦ ♪ Standardfälle Arbeitsrecht (9,90 €)
- ▦ Standardfälle ZPO (9,90 €)
- ▦ ♪ Basiswissen HandelsR (Frage-Antwort) (7,9 €)
- ▦ ♪ Basiswissen Gesellschaftsrecht (7,90 €)
- ▦ ♪ Basiswissen ZPO (Frage-Antwort) (7,90 €)
- ▦ ♪ Basiswissen StPO (Frage-Antwort) (7,90 €)
- ▦ Handelsrecht (9,90 €)
- ▦ Gesellschaftsrecht (9,90 €)
- ▦ Arbeitsrecht (9,90 €)
- ▦ Kollektives Arbeitsrecht (9,90 €)
- ▦ ZPO I – Erkenntnisverfahren (9,90 €)
- ▦ ZPO II – Zwangsvollstreckung (9,90 €)
- ▦ Strafprozessordnung – StPO (9,90 €)
- ▦ Einf. Internationales Privatrecht - IPR (9,90 €)
- ▦ Standardfälle IPR (9,90 €)
- ▦ Insolvenzrecht (9,90 €)
- ▦ Gewerbl. Rechtsschutz/Urheberrecht (9,90 €)
- ▦ Wettbewerbsrecht (9,90 €)
- ▦ Ratgeber 500 Spezial-Tipps für Juristen (12 €)
- ▦ Mediation (7,90 €)
- ▦ Sportrecht (9,90 €)

Karteikarten (je 9,90 €)

- ▦ Zivilrecht: BGB AT/SchuldR/Grundlagen/Schemata
- ▦ Strafrecht: AT/BT-1/BT-2/Streitfragen
- ▦ Öff. R.: StaatsorgaR/GrundR/VerwR/Schemata

Assessorexamen

- ▦ Der Aktenvortrag im Strafrecht (7,90 €)
- ▦ Der Aktenvortrag im Zivilrecht (7,90 €)
- ▦ Der Aktenvortrag im Öffentlichen Recht (7,90 €)
- ▦ Staatsanwaltl. Sitzungsdienst & Plädoyer (9,90 €)
- ▦ Die strafrechtliche Assessorklausur (7,90 €)
- ▦ Die Assessorklausur VerwR Bd. 1 (7,90 €)
- ▦ Die Assessorklausur VerwR Bd. 2 (7,90 €)
- ▦ Vertragsgestaltung in der Anwaltsstation (7 €)

Irrtümer und Änderungen vorbehalten!

BWL

- ▦ Einführung i. die Betriebswirtschaftslehre (7,90 €)
- ▦ Marketing (7 €)
- ▦ Organisationsgestaltung & -entwickl. (7,90 €)
- ▦ Fallstudien Organisationsgestaltung & -entwickl.
- ▦ Internationales Management (7 €)
- ▦ Wie gelingt meine wiss. Abschlussarbeit? (7 €)

Irrtümer und Änderungen vorbehalten!

Schemata

- ▦ Die wichtigsten Schemata-ZivR,StrafR,ÖR (14,90)
- ▦ Die wichtigsten Schemata–Nebengebiete (9,90 €)

♪ bedeutet: auch als **Hörbuch** (CD oder MP3-Download) lieferbar!

Bei niederle-media.de bestellte Artikel treffen idR *nach 1-2 Werktagen* ein!